ENTENDER EL
BUDISMO

Orígenes • Creencias • Prácticas
Textos sagrados • Lugares sagrados

ENTENDER EL
BUDISMO

Orígenes • Creencias • Prácticas
Textos sagrados • Lugares sagrados

Malcolm David Eckel

BLUME

BLUME

Título original:
Understanding Buddhism

Traducción:
Maite Rodríguez Fischer

Revisión científica de la edición en lengua española:
Pablo Romagosa Gironés
Antropólogo

Coordinación de la edición en lengua española:
Cristina Rodríguez Fischer

Primera edición en lengua española 2004

© 2004 Naturart, S. A. Editado por Blume
Av. Mare de Déu de Lorda, 20
08034 Barcelona
Tel. 93 205 40 00 Fax 93 205 14 41
E-mail: info@blume.net
© 2003 Duncan Baird Publishers, Londres

I.S.B.N.: 84-8076-506-2

Impreso en Singapur

CONSULTE EL CATÁLOGO DE PUBLICACIONES ON-LINE,
INTERNET: HTTP://WWW.BLUME.NET

*Página 2: Templo Mahabodhi en Bodh Gaya, en la India, que marca el lugar
en el que Buda, Siddharta Gautama, alcanzó su despertar.*

Dedicatoria
A la memoria de William Neville Smith (1947-2001), un erudito del
budismo, con gran talento, que eligió otro camino

CONTENIDO

INTRODUCCIÓN

El budismo recibe su nombre de Siddharta Gautama, reverenciado por sus discípulos como Buda, o «el Despierto». En el transcurso de tan sólo unos siglos, sus enseñanzas se extendieron por todo el subcontinente indio, además de otros lugares de Asia. Aunque posteriormente casi desapareció por completo como religión viva en su país de origen, el budismo ha gozado de una profunda influencia en la vida religiosa y en el desarrollo cultural fuera de la India, desde Afganistán, en el oeste, hasta China, Corea y Japón, en el este, así como en el Sureste Asiático, desde Myanmar (Birmania) hasta las islas indonesias de Java y Bali. Hoy en día, el budismo también constituye una parte importante del mosaico religioso de Europa y Estados Unidos.

Según una cronología erudita ampliamente aceptada, Siddharta Gautama nació en 566 a. C. y murió a los ochenta años, es decir, en 486 a. C. La tradición budista afirma que nació en el actual sur de Nepal, en el seno de una familia perteneciente a la realeza. Su nacimiento fue asociado a una serie de profecías que auguraban el significado de su existencia. Según cuenta un relato de su vida, cuando el futuro Buda fue concebido, su madre, la reina Maya, soñó que un elefante blanco la penetraba por un costado sin causarle dolor. Cuando llegó el momento del nacimiento del pequeño Siddharta, éste salió del costado de su madre, dio siete pasos y dijo: «He nacido

Manuscrito birmano del siglo XIX que representa a Siddharta Gautama meditando mientras es asediado por las fuerzas del rey del mal Mara (véanse págs. 8-9).

para lograr el despertar *(bodhi)* del bien en el mundo: éste es mi último nacimiento».

El padre de Siddharta pidió a los sabios de la corte la interpretación de estas maravillas. Éstos observaron ruedas en las palmas de las manos y las plantas de los pies del niño, y predijeron que se convertiría en un *chakravartin* («girador de ruedas»), cuyo significado literal es «un poderoso rey conquistador» o «un gran maestro religioso».

Siddharta fue educado en el palacio de su padre, se casó y tuvo un hijo. Al cumplir treinta años, empezó a sentir curiosidad por la vida en el exterior del palacio, motivo por el cual pidió traspasar sus murallas. En un jardín pudo contemplar tres imágenes que le mostraron la realidad del sufrimiento humano: un anciano, un enfermo y un cadáver. En otra ocasión pudo observar a un asceta errante *(shramana)*, lo que le llevó a seguir el ejemplo del asceta, es decir, erradicar el sufrimiento del mundo. Su padre intentó retenerle, pero Siddharta Gautama adoptó una vida errante. Este evento, conocido como la *pravrajya* («la partida»), se recrea en las comunidades budistas cuando alguien decide emprender la vida de monje o monja.

Las primeras etapas del retiro de Siddharta estuvieron marcadas por el ayuno severo y la abnegación, que fueron tan intensos que estuvo a punto de perder la vida. Convencido de que este camino hacia la salvación no era efectivo, aceptó los alimentos que le ofreció una joven y comenzó a seguir lo que la tradición budista conoce como el «camino medio», una disciplina que evita los extremos del placer o la abnegación total.

Las andanzas de Siddharta le condujeron al pie del árbol bodhi, o el «árbol del despertar». Se sentó a su sombra en un último intento de liberarse de la muerte y del renacimiento. Fue abordado por el dios maligno Mara, quien envió a sus hijas para seducirlo y a sus hijos para ahuyentarlo. No obstante,

Siddharta resistió el ataque de Mara y, durante una noche final de meditación, alcanzó la iluminación acerca de la *dharma* («verdad» o «ley») de la existencia humana. A partir de ese momento se convirtió en un auténtico *buddha* («el despierto»).

Tras su despertar, Buda se dirigió a un parque de ciervos que se hallaba en Sarnath, cerca de Varanasi, donde se encontró con cinco de sus antiguos compañeros. Allí pronunció un sermón o discurso *(sutra)* conocido como «La primera vuelta de la rueda de la *dharma* (ley)». La historia del budismo como tradición religiosa organizada comienza con el sereno maestro y reciente sabio en el momento de compartir los resultados de su despertar con un grupo de compañeros, que formaron el núcleo de la *samgha* («comunidad») budista. Durante los cuarenta y cinco años restantes de su vida, Buda recorrió los caminos del norte de la India, predicando la *dharma* y expandiendo las fronteras de la comunidad. Finalmente, en el pueblo de Kushinagari, tras pronunciar un discurso de despedida dirigido a sus discípulos, se recostó entre dos árboles y murió. En términos budistas, logró su *«nirvana* final» (iluminación perfecta; *parinirvana*) para no renacer nunca más.

Aunque la tradición budista evolucionó de muchas maneras complejas tras la muerte del Buda, ha mantenido el mismo enfoque práctico. Buda nunca fue considerado un dios o un ser sobrenatural, sino un hombre que había encontrado la respuesta a los dilemas más profundos de la vida humana y la había transmitido a los demás. Para millones de personas en todo el mundo, el budismo proporciona una sensación de lo divino, al mismo tiempo que una cohesión social y cultural sin depender del concepto de un dios creador.

Un siglo después de la muerte de Buda, surgieron las primeras divisiones en la comunidad budista. Emergieron dieciocho «escuelas» *(nikayas)* rivales, de las cuales únicamente sobrevive la theravada, la tradición dominante en la actualidad en el Sureste Asiático. En el siglo III a. C., el apoyo del emperador indio Asoka *(véase* pág. 16) llevó el budismo a Sri Lanka, desde donde se extendió al Sureste Asiático, incluyendo a Indonesia. En el siglo II, los monjes expandieron el budismo a lo largo de la ruta de la seda hasta llegar a China, desde donde pasó a Corea y de allí a Japón. El budismo tibetano arraigó en el siglo VII y hoy en día constituye una de las culturas budistas más evidentes.

El éxito del budismo en el norte y este de Asia quedó reforzado por el surgimiento en la India del movimiento mahayana, o «gran vehículo», aproximadamente en los inicios de la era actual. El movimiento mahayana trajo consigo un nuevo conjunto de escrituras, un nuevo énfasis en la importancia de los seglares, y un nuevo concepto: el de Buda. El budismo tántrico, una rama del mahayana, apareció en el siglo VII. Con su énfasis en el simbolismo y los rituales y su visión de los *buddhas* como deidades «coléricas», el tantra constituye una de las variedades más sorprendentes del budismo. Existen escuelas de budismo tántrico en China, Japón, el Tíbet y Nepal.

La expansión institucional e intelectual del budismo ha sido respaldada por muchas personalidades destacadas, comenzando por los primeros seguidores de Buda. Tanto la doctrina mahayana como la theravada contaron con monjes eruditos que modelaron intelectualmente a la tradición monástica del Sureste Asiático. Asimismo, el budismo ha dado lugar a reformistas religiosos y sociales, como Shinran y Nichiren en Japón, y posee una tradición de compromiso político, desde el emperador Asoka hasta los dos budistas galardonados con el premio Nobel de la paz, el decimocuarto dalai lama y la birmana Aung San Suu Kyi.

Por supuesto, también han existido generaciones de budistas anónimos cuyas historias no se han conservado, pero que han dado significado a sus vidas a través de sencillas muestras de devoción budista: observando los «cinco preceptos» (*véanse* págs. 59-60), ofreciendo alimento a los monjes, celebrando los ritos de transición; participando en celebraciones del nacimiento de Buda o de los «santos» budistas o emprendiendo una peregrinación. Todos estos aspectos de la práctica budista parecen expresar, de una u otra manera, el mismo impulso fundamental, es decir, encontrar la serenidad en un mundo de sufrimiento y cambio.

CAPÍTULO UNO

ORÍGENES Y DESARROLLO HISTÓRICO

La historia del budismo como tradición religiosa diferenciada comenzó con la vida de Buda, Siddharta Gautama, también conocido como Sakyamuni o «el sabio del clan de los sakya», que nació en la India a finales del siglo VI a. C.

Inspirado por las enseñanzas de Buda, el budismo se extendió de la India a Sri Lanka, y de allí a gran parte del Sureste Asiático. En el siglo I o II, se extendió hacia el norte, hasta llegar a China, gracias a la ruta de la seda. De China pasó a Corea, Japón y Vietnam. Durante el siglo VII, los maestros budistas se trasladaron al norte, cruzaron el Himalaya y llevaron la fe hasta el Tíbet. En el período moderno, el budismo se ha extendido mucho más allá de sus orígenes en la India para formar parte vital de la civilización mundial.

IZQUIERDA: Detalle (hacia 1800) del Vessantara Jataka, una de las leyendas Jataka más populares (véase pág. 14), donde se muestra al príncipe Vessantara, una de las encarnaciones de Buda.

Desde el punto de vista budista, la historia de esta tradición no comienza en el siglo VI a. C. con el nacimiento de Siddharta Gautama, sino que se sitúa en un pasado distante, con las historias de sus vidas previas como *bodhisattva* o «buda futuro». Según la doctrina del renacimiento *(samsara)*, la vida de una persona es el resultado de una larga serie de acciones *(karma)* acumuladas a lo largo de muchas vidas, por lo que Siddharta Gautama no constituía una excepción. Un cuerpo de textos tradicionales, conocidos como las leyendas *Jataka* («Nacimiento»), describen cómo recibió sus enseñanzas de *buddhas* previos, mostró muchas de las virtudes morales de la tradición budista y se preparó para su despertar definitivo.

Los budistas consideran la carrera de Siddharta Gautama como el resultado de un largo proceso de preparación, así como el inicio de un nuevo proceso histórico, gracias al cual otras personas han intentado seguir su ejemplo y experimentar su propio despertar.

Después de la muerte de Buda, o el «*nirvana* final» *(parinirvana)*, un grupo de discípulos seculares, siguiendo sus instrucciones, incineró su cuerpo, distribuyó sus cenizas como reliquias y las conservaron en túmulos funerarios o *stupas*. La veneración de estos restos proporcionó el modelo de adoración budista, que se dirige, no únicamente a las reliquias, sino también a otros objetos, imágenes y lugares santificados gracias a su asociación con momentos de la vida de Buda. En la tradición budista, este hecho constituye el «cuerpo de forma», mientras que sus enseñanzas se denominan «cuerpo de *dharma*». En ambos «cuerpos» (a menudo entendidos de forma distinta según el tipo de budismo), Buda continúa presente para la amplia comunidad budista.

La mayoría de los hechos de la historia temprana de la comunidad budista, la *samgha*, proviene de textos escritos cinco siglos o más tras la muerte de Buda. Resulta, pues, difícil establecer con certeza cómo aumentó la *samgha* a partir de un pequeño grupo de discípulos alrededor de un único líder carismático hasta convertirse en una fuerza mayoritaria en la India y en otros países. Sin embargo, la tradición budista registra varias etapas de un auge institucional que favoreció el importante papel que la religión jugó en la expansión de la civilización asiática.

Poco tiempo después de la muerte de Buda, en el año 486 a. C., se celebró un «primer concilio budista» en la ciudad de Rajagrha. En un relato se explica cómo Kashyapa, un discípulo de Buda, viajaba con un grupo de monjes cuando escuchó que su maestro había muerto. Un monje se alegró abiertamente, diciendo que su muerte les liberaba de las restricciones de las reglas monásticas. Temiendo una ruptura en la disciplina, Kashyapa propuso la convocatoria de un concilio para volver a plantear las enseñanzas de Buda y las regulaciones monásticas, así como para establecer un conjunto común de doctrinas y prácticas con el objetivo de guiar a la comunidad budista. El concilio dio lugar a lo que se convertiría en el núcleo de los cánones budistas.

Otra tradición describe un segundo concilio, convocado alrededor de un siglo más tarde en la ciudad de Vaishali, con el fin de discutir unas variantes del código monástico introducidas por la presión de la expansión regional de la comunidad. Sin embargo, los problemas no se solucionaron por completo y dieron lugar al primer gran cisma del budismo, los *sthaviras* («ancianos») y los *mahasamghikas* («gran comunidad»). De este modo, se produjo la fragmentación de la *samgha* en las dieciocho escuelas *(nikayas),* lo que constituyó el preludio de la división entre el budismo hinayana («vehículo menor») y el mahayana («vehículo mayor»).

La expansión de la comunidad budista original se debió, en gran medida, al apoyo monárquico, tanto dentro como fuera de la India. El gran emperador de la dinastía Maurya, Asoka (268-239 a. C.), quien gobernó el norte de la India desde su capital en Pataliputra (la moderna Patna), se convirtió explícita y públicamente al budismo. Como parte de su política de «conquista justa» *(dharmavijaya),* promulgó los valores budistas por todo su reino y apoyó activamente la extensión de la religión más allá de sus fronteras. Por ejemplo, su hijo Mahendra (en lengua pali, Mahinda) se dirigió a Sri Lanka encabezando una misión.

Parece ser que en aquella época era posible encontrar monjes budistas en la región de Afganistán y en Asia central, donde entraron en contacto con los reinos helénicos establecidos después de la invasión de la India por parte de Alejandro Magno, en 327-325 a. C. Se tienen noticias de que como mínimo un rey griego, Menandro (en lengua pali, Milinda), se convirtió al budismo.

La división que dio lugar a los budismos hinayana y mahayana se produjo aproximadamente en los inicios de la era actual en circunstancias poco conocidas. El movimiento reformista mahayana basa su historia en el mismo Buda. Según los textos mahayaníes, Buda convocó una asamblea especial en el pico de los Buitres en Rajagrha y pronunció un sermón conocido como «La segunda vuelta de la rueda de la *dharma*» a un grupo selecto de discípulos. Estas enseñanzas, según se afirma, permanecieron ocultas durante cierto tiempo, tras el cual fueron reveladas al resto de la comunidad budista india.

No queda del todo claro si el movimiento mahayana surgió en una región de la India o si se desarrolló en varios centros diferentes, igual que se desconoce si su énfasis en el ideal *bodhisattva* despertó el interes de los budistas seglares, hombres o mujeres, de una manera diferente. Un *bodhisattva* no buscaba la renuncia del mundo para alcanzar el *nirvana*, como ocurría en el ideal monástico tradicional, sino que retornaba al mundo por compasión hacia la humanidad.

Una de las cuatro puertas talladas (toranas) *de la Gran Stupa de Sanchi, que data de la época de Asoka, y que fue decorada en siglos posteriores.*

El budismo tántrico, un movimiento que rompió con el budismo mahayana en el siglo VI, parecía desafiar los compromisos fundamentales de la tradición. El término «tantra» proviene del nombre de los textos que contienen sus enseñanzas. También es conocido como mantrayana («vehículo de los cantos sagrados») y vajrayana («vehículo del trueno»). El budismo tántrico pone un gran énfasis en los rituales y el simbolismo, en especial en el *mandala* o «círculo sagrado» (*véanse* págs. 32-33), y promueve las prácticas encaminadas a lograr una experiencia inmediata de «despertar». La calidad radical de este despertar se expresa de forma muy vívida en el arte tántrico al representar a Buda como una «deidad colérica». Un *siddha* o «santo» tántrico entiende que no existe diferencia alguna entre la tranquilidad y la cólera, al mismo tiempo que considera que la experiencia del despertar se halla presente en todas las emociones humanas, incluso en las más básicas.

Durante los primeros seis o siete siglos de nuestra era, el budismo se erigió como el centro de una floreciente cultura india, en la que destacaron, en especial, el período de la dinastía Gupta (320-540 d. C.) y el reinado del rey Harsha (606-646 d. C.). Los monasterios budistas se convirtieron en sofisticados centros de enseñanza, donde se instruía a los monjes en filosofía, religión, medicina, astronomía y gramática. Alrededor del siglo XIII, la creciente devoción hinduista minó el atractivo del budismo para el pueblo llano, y siglos de interacción entre el budismo y el hinduismo limaron las diferencias entre ambas tradiciones. Sin el gran apoyo de los reyes y príncipes indios, los monasterios budistas fueron víctima de persecuciones. Cuando los invasores musulmanes destruyeron los últimos grandes monasterios a finales del siglo XIII, concluyó de manera definitiva la activa influencia del budismo en la cultura india.

La historia del budismo en el Sureste Asiático se remonta a los misioneros de Asoka en Sri Lanka. Durante más de mil años, el budismo de esta región constituyó una mezcla ecléctica de tradiciones que reflejaban la diversidad del budismo indio. Desde el siglo XI, momento en que la influencia de los monasterios indios comenzó a desvanecerse, un número de monjes y reyes budistas en Birmania (Myanmar) y Tailandia buscaron consejo en el extranjero. Siguiendo el ejemplo de Sri Lanka, adoptaron la ortodoxia theravada. Se trata de la rama del budismo que hoy en día predomina en estos países. Durante los siglos XIX y XX, los budistas del Sureste Asiático se enfrentaron al colonialismo europeo, aunque generaciones enteras de reformistas aceptaron el reto y desarrollaron una forma «moderna» y distinta de budismo.

La religión llegó al Tíbet en dos oleadas, conocidas como la «primera» y «segunda difusión de la *dharma*». La primera comenzó en el siglo VII, cuando las esposas del rey tibetano llevaron imágenes de Buda a la capital, Lhasa. El primer monasterio se estableció en Samye a finales del siglo VIII con la colaboración del erudito indio Shantarakshita, el rey del Tíbet, Thrisong Detsen, y el santo tántrico indio Padmasambhava. La historia del budismo tibetano se caracteriza por los elementos que estos tres fundadores incorporan: la disciplina intelectual monástica, el poder secular real y los rituales y la meditación tántricos.

La «primera difusión de la *dharma*» en el Tíbet finalizó durante un período de persecución que comenzó con el reinado del rey Langdarma (838-842). El budismo fue reintroducido en el Tíbet a finales del siglo X durante lo que se conoce como la «difusión tardía», y, a finales del siglo XI, las cuatro sectas principales del budismo tibetano ya se encontraban claramente definidas. Una de ellas, la nyingmapa, remontaba sus orígenes hasta Padmasambhava. Las restantes –sakyapa, kadampa, y kargyupa– afirmaban tener sus raíces en los santos y eruditos llegados después de la gran persecución. De la secta kadampa surgió el linaje de los Gelukpa, de donde provienen los dalai lamas.

El título dalai lama (literalmente «maestro del océano», refiriéndose probablemente al «océano de sabiduría») fue concedido por primera vez al monje tibetano Sonam Gyatso (1543-1588) por el jefe mongol Altan Khan. Sin embargo, los budistas tibetanos consideran a Sonam Gyatso como el tercero en una línea de reencarnaciones que se remonta al monje Gendun Dup (1391-1475), quien se considera el auténtico y «primer» dalai lama.

Durante el reinado del «quinto gran» dalai lama, Ngawang Losang Gyatso (1617-1682), los dalai lama se convirtieron en los líderes religiosos y seculares del Tíbet. Bajo su liderazgo, los budistas tibetanos mantuvieron su forma de vida tradicional hasta que la invasión china del Tíbet en 1950 obligó a Tenzin Gyatso, el decimocuarto dalai lama, a vivir en el exilio. Desde ese momento, se han realizado innumerables esfuerzos con el fin de conservar la cultura tibetana, tanto en el Tíbet como entre las comunidades de conversos y exiliados en todo el mundo.

El budismo se introdujo en China en el siglo I, o posiblemente en el II, gracias a la ruta de la seda. Al igual que en el Sureste Asiático y el Tíbet, el gran reto inicial de la religión consistió en conseguir expresar la riqueza y complejidad del budismo indio de forma conveniente a la gente del lugar. Sin embargo, durante la dinastía Tang (618-907), el budismo se había adaptado a la cultura y jugaba un papel importante en la civilización china. Este período vio emerger las clásicas escuelas mahayana chinas, entre las que se incluye la tradición meditativa chan (del sánscrito *dhyana*, «meditación») y las escuelas filosóficas tiantai y huayan. Asimismo, el budismo chino sufrió la influencia de la tradición mahayana de los *buddhas* y *bodhisattvas* celestiales, especialmente Amitabha (Amituo Fo), Avalokiteshvara (Guanyin) y Maitreya (Mile Fo).

La variante china del budismo se introdujo en Corea en el siglo IV, y en Japón en el siglo VI. Vietnam también adoptó las tradiciones budistas chinas, aunque es posible que la religión hubiera entrado en la región en el siglo II. Una forma del budismo chan (en japonés, zen), con su énfasis en la meditación y la experiencia del «despertar», se encuentra presente en los tres países, de la misma manera que cierta devoción hacia los *buddhas* y *bodhisattvas* celestiales.

Escasamente conocido en el mundo occidental (excepto en el caso de los eruditos) con anterioridad a 1850, el budismo comenzó a extenderse con rapidez hacia el año 1900, debido, en parte, a un coronel retirado del ejército de Estados Unidos, Henry S. Olcott (1832-1907), y a una mística rusa, Helena Blavatsky (1831-1891). Ellos encabezaron la causa de la reintroducción del budismo theravada en la Sri Lanka colonial, y su Sociedad Teosófica estaba claramente influenciada por los preceptos budistas. Esta doctrina también se vio impulsada por el Parlamento Mundial de las Religiones, celebrado en Chicago en 1893, y al que asistieron muchos budistas asiáticos de renombre.

A mediados del siglo XX, casi todas las escuelas y tradiciones budistas mayoritarias se encontraban representadas en Occidente, tanto entre comunidades inmigrantes como por parte de conversos occidentales. En los monasterios, templos y salas de meditación, desde Escocia hasta San Francisco, el budismo ha arraigado con fuerza en entornos bastante distintos a los de la cuenca del Ganges, donde se gestó.

Visita de Xuanzang al Árbol bodhi

« El Maestro de la Ley, cuando vino a venerar el árbol bodhi
y la figura de Tathagata en el momento de alcanzar la
sabiduría perfecta, lograda *(después)* gracias a *(la intervención
de)* Maitreya Bodhisattva, observó estos objetos con la
devoción más sincera, se postró en actitud de adoración y,
con gran pena y muchas lágrimas por su aflicción, suspiró
y dijo: "En el momento en que Buda perfeccionó su
sabiduría, yo no conocía mi condición en el agitado mundo
del nacimiento y de la muerte; pero ahora, en estos últimos
tiempos de imagen *(adoración)*, tras llegar a este lugar
y reflexionar sobre la profundidad y el peso de mis obras
perversas, mi corazón se aflige y mis ojos se llenan de
lágrimas". »

De *The Life of Hiuen-tsiang*, Kegan, Paul, Trench, Trübner & Co. Ltd., Londres, 1911, pág. 105.

Comentario

El diario de viaje del monje y erudito chino Xuanzang (596-
664) proporciona una de las más ricas fuentes de información
sobre el budismo en la India durante el período clásico (siglos III a VIII). Xuanzang recorrió como peregrino la ruta de la

seda a través de Afganistán, donde pudo admirar las enormes y doradas estatuas talladas en la roca que representaban a Buda y que se encontraban hasta hace unos años en Bamiyan (hasta su demolición por parte del régimen talibán), y también visitó el paso de Khyber, en el norte de India.

Xuanzang pasó más de diez años en la India, período en el que exploró entornos budistas tan apartados como las montañas de Cachemira, en el norte, y las tierras de habla tamil en el sur de la India. Cada lugar que visitaba parecía presentar una historia relacionada con un evento de la vida de Buda, la existencia de un *buddha* previo o la vida de un famoso santo budista.

En Afganistán, visitó la cueva de la sombra de Buda y tuvo una visión de su cuerpo. En Cachemira, estudió filosofía budista y se convirtió en un experto en las tradiciones intelectuales hinayana y mahayana. Alcanzó un momento de éxtasis cuando visitó el lugar del despertar de Buda en Bodh Gaya, y cuando contempló la profundidad del sufrimiento humano se deshizo en lágrimas.

Cuando Xuanzang regresó a China, llevó consigo un gran número de manuscritos y fue reconocido como uno de los más expertos intérpretes de la filosofía budista. Se convirtió en el favorito de la tradición popular china, y su novela *Viaje a Occidente* recopila de un modo popular y agradable sus exploraciones.

ASPECTOS DE LO DIVINO

Mientras muchas religiones se focalizan en la adoración a Dios u otros seres divinos, los budistas se centran en la figura de Buda –un ser humano que descubrió el modo de erradicar el sufrimiento y escapar del ciclo de la muerte y el renacimiento. Los budistas reverencian la figura de Buda, de la misma manera que otros adoran a un ser divino o sobrenatural. Asimismo, respetan el poder de los espíritus o deidades locales.

La doctrina mahayana se disgregó de las tradiciones existentes gracias al desarrollo de un rico conjunto de *buddhas* y *bodhisattvas* celestiales que actúan como seres sobrenaturales con la misión de guiar a los creyentes en el camino hacia la salvación. En la actualidad es bastante común que un budista practique la doctrina mahayana entonando el nombre de un *buddha* celestial, invocando la compasión de un *bodhisattva* celestial.

IZQUIERDA: Un mandala *nepalés de 1860 donde se muestra al* buddha *celestial Vairochana («Radiante») en el círculo central y a otros cuatro buddhas en los extremos del cuadrado. El* mandala *también representa a muchos otros seres sagrados.*

El budismo theravada insiste en la idea de que Siddharta Gautama era un ser humano que alcanzó el *nirvana* completo (iluminación; *véanse* págs. 58-59) y murió para no renacer nunca más. Cuando un devoto theravada realiza una ofrenda a una imagen de Buda, no se entiende como un acto de devoción divina, sino como una forma de conseguir mérito «kármico» además de recordar las virtudes de Buda, hecho que todo individuo debe siempre emular.

Esto no significa, sin embargo, que el budismo carezca de seres que se asemejen a las divinidades de, por ejemplo, la antigua tradición india. En la doctrina mahayana, aquellos que consiguen alcanzar las etapas más elevadas del camino hacia Buda —los *bodhisattvas* («futuros *buddhas*»)— acumulan tanto poder gracias a sus múltiples obras de compasión y sabiduría que son capaces de actuar como si fueran dioses. Estas figuras extraordinarias se denominan «*bodhisattvas* celestiales». Pueden intervenir milagrosamente en este mundo e incluso crear reinos celestiales donde las personas pueden renacer por razones que dependen, tanto de la compasión de los *boddhisattvas,* como del mérito del devoto individual. Al final de sus carreras como *bodhisattvas* se transforman en «*buddhas* celestiales» y adquieren poderes aún más destacables. No obstante, un gran número de *bodhisattvas* pospone su conversión en *buddhas* con el fin de ayudar a los devotos en su camino hacia el *nirvana*.

La frontera entre un *bodhisattva* y un *buddha* a menudo es difusa. De acuerdo con el *Sutra del Loto* mahayana (*véanse* págs. 42-43), el mismo Buda se consideraba tan sólo la manifestación de un gran *bodhisattva* cuya larga carrera aún no ha concluido. Al darse cuenta de que las personas de este mundo necesitaban un ejemplo de un ser humano de carne y hueso que hubiera experimentado el proceso de lograr el *nirvana*, se manifestó como Siddharta Gautama con el fin de mostrar la manera de conseguir el *parinirvana* (*nirvana* final). Sin embargo, no se trató del fin de su carrera puesto que continuará manifestándose de la misma forma compasiva mientras existan individuos que necesiten su ayuda.

Los conceptos de *bodhisattvas* y *buddhas* hicieron posible que el budismo mahayana crease un elaborado «panteón» de divinidades. Una de las deidades más importantes es el *bodhisattva* Avalokiteshvara («Señor Que Mira Hacia Abajo»), conocido como la personificación de la mirada compasiva de Buda. La compasión de Avalokiteshvara se invoca pronunciando el mantra «Om Mani Padme Hum» («Oh Joya en el Loto»), muy popular como mantra meditativo. *Om* y *Hum* son sílabas que no poseen una traducción directa. Se dice que *Om* es el sonido sagrado a partir del cual se creó el Universo, y algunos creen que contiene la esencia del conocimiento auténtico.

En el budismo indio, Avalokiteshvara se asocia con una *bodhisattva* femenina, conocida como Tara, que personificaba

Una estatuilla dorada de bronce de la bodhisattva *Maitreya, que aparece frecuentemente en las tradiciones budistas mahayana en Asia.*

el aspecto femenino de su compasión. En China, donde Avalokiteshvara es adorado bajo el nombre de Guanyin, las identidades *bodhisattva* masculina y femenina se unieron en una, y Guanyin fue adorado principalmente en su forma femenina. Los tibetanos sienten una especial predilección por Avalokiteshvara (cuyo nombre tibetano es Chenrezig). Afirman que ha prometido proteger el Tíbet y se manifiesta en la persona de cada dalai lama.

Entre los *bodhisattvas* celestiales más destacados, mencionamos a Maitreya, el *buddha* del futuro, quien vendrá al mundo para convertirse en *buddha*. Al igual que Avalokiteshvara, se dice que Maitreya rescata a las personas en peligro: en China, donde es conocido como Mile Fo, los movimientos mesiánicos han proclamado, en ocasiones, su inminente llegada y la transformación de la sociedad según los principios budistas. Otros *bodhisattvas* celestiales son Manjushri, el *bodhisattva* de la sabiduría, y Kshitigarbha, el consuelo de los muertos y protector de los viajeros, peregrinos y niños.

El *buddha* celestial más conocido es Amitabha («Luz Infinita»), de quien se dice que estableció un paraíso, la «Tierra Pura» al convertirse en *buddha* (*véanse* págs. 90 y 92). Cualquiera que recuerde el nombre de Amitabha, especialmente en el momento de su muerte, renacerá en la Tierra Pura y podrá ver a Amitabha cara a cara. La devoción al Buda Amitabha adquirió una gran importancia en China y Japón, donde se le conoce con los nombres Amituo Fo y Amida Butsu, respectivamente (*fo* y *butsu* = *buddha*). De hecho, durante las revueltas sociales y políticas del período Kamakura (1185-1333), la veneración a Amida constituyó uno de los elementos más importantes de la vida budista japonesa. El reformador budista Honen (1133-1212) hizo que la veneración a Amida fuera accesible a personas sin enseñanza budista previa, y Shinran (1173-1263) –el fundador del jodo shinshu japonés, la «secta de la verdadera Tierra Pura»– insistió en que la salvación depende únicamente de la gracia de Amida y no de los esfuerzos personales. Las tradiciones fundadas por Honen y Shinran continúan siendo las formas más populares de budismo en Japón y están representadas en Estados Unidos por las Escuelas Budistas de América.

Existen otros *buddhas* celestiales importantes, entre los cuales se incluyen el *buddha*-médico Bhaishajyaguru («Maestro de Curación») y el «Buda Sol» Vairochana («Radiante»), el *buddha* central en muchos de los *mandalas*, o «círculos sagrados» del budismo tántrico. El *mandala* simboliza la relación existente entre el macrocosmos y el microcosmos: representa la totalidad del cosmos, al mismo tiempo que la mente y el cuerpo del practicante. Los *mandalas* se emplean en los rituales y en la meditación tántrica con el fin de ayudar al devoto a unificar su visión del cosmos, contemplar la integración de su ser con el mundo y sobreponerse a la distinción entre el *nirvana* y el reino de la muerte y el renacimiento.

Una de las imágenes sagradas más comunes se denomina «*mandala* de los cinco Budas» y juega un papel central en el budismo tántrico del Tíbet y en la tradición shingon de Japón. Se trata de una imagen constituida por cinco *buddhas* celestiales: Vairochana en el centro, Amitabha en el oeste, Amoghasiddhi en el norte, Akshobhya en el este y Ratnasambhava en el sur. El *mandala* se expande y elabora gracias a un proceso de asociación simbólica en el que se incluyen cinco colores, cinco personalidades, cinco sabidurías y así sucesivamente, asociando a uno de los cinco *buddhas* con cada elemento de un grupo de cinco. Los *buddhas* también se asocian con cinco diosas localizadas en el centro del *mandala* y en los cuatro puntos cardinales.

Además de aparecer en el centro de muchos *mandalas*, Vairochana, que se identifica con el sol, también tuvo una gran importancia en el proceso de introducción del budismo en Japón, puesto que se identificó con Amaterasu, la diosa del sol que encabeza el panteón sintoísta.

Además de todos estos seres celestiales, el budismo también ha reservado un lugar para las deidades y los espíritus locales. Se dice que Buda estaba protegido por un *naga* (en la tradición india, un *naga* es una deidad serpiente que controla la lluvia; en el budismo, los *nagas* también guardan los tesoros de la tradición). Los *stupas* (túmulos funerarios; *véanse* págs. 66-67) a menudo se asocian con los *yakshas* (dioses de la riqueza y la buena fortuna) y los *yakshis* (diosas de la fertilidad). En el Sureste Asiático, los dioses hindúes como Indra y Vishnu actúan como importantes figuras guardianas budistas, y la fe engloba muchas deidades locales y regionales en China, Corea, Japón y el Tíbet.

La Tierra de la Dicha

« Entonces el Bendecido dijo a Shariputra: "En el oeste, Shariputra, a mucha distancia de este lugar, existe una tierra de *buddhas* conocida como la Tierra de la Dicha. Un *buddha* completamente despierto, de nombre Vida Infinita (Amitayus), reside en esa tierra y enseña la *dharma*. ¿Por qué crees que se la llama la Tierra de la Dicha? En la Tierra de la Dicha ningún ser vivo padece dolor en su cuerpo o en su mente, y todos tienen innumerables razones para alcanzar el placer...".

"Cuando cualquier hijo o hija de una buena familia oye el nombre de Tathagata (o Buda) Bendecido de Vida Infinita, y permanece en su mente durante uno, dos, tres, cuatro, cinco, seis o siete noches, en el momento de su muerte, el Buda de Vida Infinita se les presentará, al frente de un grupo de *bodhisattvas* y rodeado por una multitud de discípulos, y aquellos hijos e hijas de buena familia morirán con las mentes tranquilos. Tras su fallecimiento, renacerán en la Tierra de la Dicha, la tierra de *buddhas* del Tathagata de Vida Infinita."

"Esto es lo que tengo en mente, Shariputra, cuando digo que los hijos o hijas de buena familia deberían aspirar con respeto a esa tierra de *buddhas*." »

Del *Sukhavativyuha Sutra abreviado.*

Comentario

El *Sutra Sukhavativyuha abreviado* (Discurso sobre la Tierra de la Dicha) ofrece un relato muy vivo de devoción hacia el Buda Amitabha (conocido aquí como Amitayus, el Buda de Vida Infinita). Este *sutra* se escribió en la India durante los primeros siglos de la era actual y adquirió una inmensa influencia en la práctica del budismo mahayana en la India y en los países budistas del norte y este de Asia.

De acuerdo con la tradición presente en este texto, un *bodhisattva* de nombre Dharmakara prometió que en cuanto lograra el despertar y se convirtiera en el Buda Amitabha o Amitayus crearía una Tierra de Dicha para salvar a los seres vivos del sufrimiento. Esta tierra se describe como un paraíso celestial, repleto de hermosos árboles, estanques de lotos y el canto de pájaros que proclaman las virtudes de Buda. Cualquiera que pronuncie el nombre del Buda Amitabha renacerá en esta tierra y logrará para siempre el despertar supremo.

La clave de la salvación en esta tradición radica en el poder de la promesa o «voto» de Dharmakara. Este voto cobra efectividad en el momento de su despertar y actúa como la gracia de Buda para conducir a las personas al renacimiento en la Tierra de la Dicha. Cuando los creyentes «desean alcanzar esta tierra de *buddhas*» ponen sus aspiraciones en armonía con el voto que creó el paraíso de Amitabha.

CAPÍTULO TRES

TEXTOS SAGRADOS

Según la tradición, Buda logró su despertar bajo el Árbol bodhi en silencio. Muchos budistas afirman que el contenido de su despertar nunca podrá llegar a ser expresado en palabras. Sin embargo, este hecho no ha evitado el desarrollo de una tradición escrita compleja y elaborada con la finalidad de transmitir sus palabras a las generaciones venideras.

Cada una de las escuelas tempranas desarrolló un cuerpo distinto de textos religiosos. De éstos, únicamente sobrevive el canon pali de la tradición theravada. Con el auge de la doctrina mahayana aparecieron nuevos textos escritos y nuevos problemas de interpretación. En la India, el cuerpo de la literatura mahayana se extendió con pocas limitaciones. Hoy en día los cánones chinos y tibetanos constituyen un enorme tesoro de tradiciones budistas.

IZQUIERDA: Un devoto budista acciona una «rueda de oración» en un templo de Kyicho, en Bután. Cada una de las «ruedas» es un cilindro que contiene textos de oración sagrados, sobre los cuales se cree que se ponen en funcionamiento cuando el cilindro es impulsado por el devoto.

Tras la muerte de Buda, se dice que sus seguidores convocaron el primer concilio budista con el fin de difundir sus enseñanzas (*véase* pág. 15). El concilio estableció un procedimiento de memorización que permitió transmitir oralmente las enseñanzas durante casi cinco siglos antes de que se pusieran por escrito. Las versiones escritas de las colecciones canónicas existen en todas las culturas budistas y, a menudo, son tratadas con gran reverencia, pero la tradición oral continúa teniendo una importancia capital. Debido, en parte, a esta práctica de transmisión oral, el budismo no posee un único canon de escritura e incluso las distintas escuelas y tradiciones reconocen la autoridad de diferentes colecciones de textos.

Mientras que la literatura canónica budista es variable y, a menudo, se han añadido nuevos textos, aún se considera una fuente de autoridad, no sólo porque constata las enseñanzas de Buda, sino también porque proporciona acceso, en cierta manera, a Buda. Los textos sagrados budistas representan los aspectos más importantes y perdurables de Buda, lo que los budistas conocen como su «cuerpo de *dharma*» (*véase* pág. 15). Una frase del *Samyutta Nikaya* pali reza: «¿Qué sentido tiene, Vakkali, mirar este cuerpo infame? Quien ve el *dhamma* [palabra pali para *dharma*] me ve a mí; quien me ve a mí, ve el *dhamma*». La *dharma* / *dhamma* actúa como la presencia continua de Buda en la comunidad budista, y merece tanto respeto como Buda. Los textos budistas a menudo se recitan o copian, entendidas estas actividades como actos de devoción, y es frecuente, especialmente en la tradición mahayana, que los textos se coloquen sobre altares, como objetos de adoración, junto a las imágenes de Buda, o incluso en sustitución de las mismas.

El canon más conservador de las escrituras budistas es la *Tipitaka* («Tres Cestas») de la tradición theravada. Escrita en pali, a menudo se conoce simplemente como «el canon pali» y contiene manterial muy antiguo que data de las primeras etapas de la tradición oral, junto con textos posiblemente escritos en el siglo II a. C. Se dice que la *Tipitaka* (en sánscrito, *Tripitaka*) fue escrita en 29 a. C. bajo el reinado del rey Vattagamani de Sri Lanka.

Las tres «cestas» constituyen las tres secciones del canon pali: la *Sutta* (en sánscrito, *Sutra*) *Pitaka,* la *Vinaya Pitaka* y la *Abhidhamma* (en sánscrito, *Abhidharma*) *Pitaka.* La *Sutta Pitaka* generalmente consta de los discursos doctrinales de Buda que oscilan entre los poemas breves y las extensas narraciones en prosa sobre las anteriores vidas de Buda. La *Vinaya Pitaka* está relacionada con las reglas de disciplina e incluye historias que ilustran los principios morales budistas. La *Abhidhamma Pitaka* proporciona un análisis sistemático de las categorías del pensamiento budista.

La interpretación tradicional del canon pali se debe al monje Buddhaghosa, quien llegó a Sri Lanka procedente de la

India en el siglo V. Recogió y tradujo una gran cantidad de comentarios locales sobre los textos pali, y su trabajo más importante, el *Visuddhimagga* («Camino a la Purificación»), constituye una guía autorizada sobre la práctica del budismo theravada.

El desarrollo de la tradición mahayana está íntimamente ligado con la evolución y la difusión de sus escrituras. Los primeros textos mahayana se escribieron en el siglo I a. C. Las importantes escrituras de la tradición mahayana fueron traducidas al chino en el siglo II, y los textos que alcanzarían la consideración de canónicos se escribieron en la India después de 1100. La India nunca produjo un canon mahayana tan claramente definido como el canon pali, aunque ya existían colecciones mahayana de carácter informal en el siglo II.

El catálogo más antiguo que se conserva de literatura canónica budista china data del año 518. La primera versión impresa del *Tripitaka* chino (tal y como se menciona en el mismo, en el que se utiliza la forma sánscrita de la palabra pali *Tipitaka*) se escribió durante los años 972-983, período que coincide con los primeros años de la dinastía Song. El canon tibetano fue recopilado por el erudito Buton (1290-1364) e impreso por vez primera en su totalidad, en Beijing, a principios del siglo XV.

Los cánones chino y tibetano parecen haber sido escritos en una biblioteca monástica. Está claro que en ambos el con-

Estos sutras *del siglo* XII, *denominados «Perfección de la
Sabiduría» están escritos sobre hojas de palma que han sido
encuadernadas con hilo («hilo» es el significado literal de* sutra).

cepto de «carácter canónico» era bastante impreciso. Constaba de un núcleo literario (conocido en sánscrito como *sutra* y en tibetano como *bKa'*) que admitía la autoridad directa de los *buddhas* y *bodhisattvas*. Estos fragmentos *sutra* de los cánones chino y tibetano incluyen una sección conocida como la «Perfección de la Sabiduría» (en sánscrito, *Prajnaparamita*), que proporciona algunos de los relatos más básicos del ideal *bodhisattva* y el concepto de «vacuidad». Partiendo de un texto relativamente breve, los *sutras* de la Perfección de la Sabiduría aumentaron llegar a incluir cien mil líneas que se condensaron en textos breves como los *sutras Diamante* y *Corazón*. Alrededor de estos fragmentos *sutra* centrales de los cánones chino y tibetano se acumulaba todo un cuerpo de literatura doctrinal, filosófica e interpretativa conocida en sánscrito como *shastra* y en tibetano como *ten*, o «enseñanza».

El conjunto más extenso de textos tántricos se encuentra en el canon tibetano. A semejanza de otras literaturas canónicas budistas, varía mucho en cuanto a la forma, que oscila entre las canciones sencillas y los santos tántricos indios o los comentarios elaborados sobre el simbolismo, la meditación y los rituales tántricos. En general, la tradición tibetana clasifica los textos tántricos en cuatro categorías concretas: ritual *(kriya)*, práctica *(charya)*, disciplina *(yoga)* y disciplina suprema *(anuttarayoga)*. El *Mahavairochana Tantra* («Tantra del gran Vairochana»), un texto que tuvo un significado crucial en los *tantras* chinos y japoneses, pertenece a la categoría *charya*. Textos como el *Hevajra Tantra* y el *Guhyasamaja Tantra*, que se centran en la comprensión inmediata de la «vacuidad», pertenecen a la categoría *anuttarayoga*. La literatura tántrica budista en la India evolucionó gradualmente durante los siglos VII a XII d.C.

El *Sutra del Loto* se ha utilizado en el este de Asia prácticamente como un compendio de la doctrina mahayana, y ha tenido una importancia capital en el desarrollo religioso y filosófico de la tradición mahayana. El *sutra* constituye la fuente de la famosa parábola en la que Buda es representado como un padre que convence a sus hijos de que salgan de una casa en llamas al prometerles distintos «vehículos». Cuando los niños salen, les proporciona el «gran vehículo» del mahayana. La parábola apunta a la relación existente entre las enseñanzas del mahayana y la de los vehículos «menores» asociados a las escuelas primitivas.

La enorme variedad de escrituras budistas ha dado lugar a múltiples controversias sobre la autoridad y la interpretación de las escrituras. Miembros de las dieciocho escuelas (*nikayas*, *véase* pág. 16) atacaron la doctrina mahayana al afirmar que sus *sutras* no constituían las enseñanzas reales de Buda. Los mahayana respondieron que las enseñanzas de las escuelas eran únicamente un instrumento preparatorio, superado por el mahayana. Dentro de la doctrina mahayana, la escuela madhyamaka argumentaba que únicamente algunos textos mahayana tenían un significado definitivo *(nitartha)*, mientras que el sentido de otros requería cierta interpretación *(neyartha)*. Las tradiciones china y tibetana crearon varios esquemas complejos de clasificación con el fin de reconciliar contradicciones y determinar qué textos eran fiables al contener las enseñanzas definitivas. La tradición tántrica resuelve los temas de interpretación insistiendo en que el significado de los *tantras* fue deliberadamente encubierto y que únicamente podía ser interpretado correctamente por un maestro cualificado (en sánscrito, *guru*; en tibetano, *lama*).

El discurso sobre la vuelta de la rueda de la *dharma*

« Esto es lo que he oído. En un momento determinado,
el Señor se encontraba en el Parque de Ciervos de Isipatana,
cerca de Banaras. Allí, el Señor habló a un grupo formado
por cinco monjes: "¡Oh, monjes!, quien ha practicado
la vida monástica debería evitar los dos extremos. ¿Y cuáles
son éstos? Uno es la devoción a las pasiones y los placeres
del mundo, puesto que es inferior, común, ordinario,
indigno e inútil. El otro consiste en la devoción a la
automortificación, ya que es dolorosa, indigna e inútil.
Al evitar estos dos extremos, ¡oh, monjes!, el Tahatagata
ha alcanzado el camino medio. Otorga visión, aporta
conocimiento y conduce a la calma, una perspicacia
superior, el despertar, y el *nirvana*.

Y, ¡oh, monjes! ¿Qué es el camino medio? Se trata del
noble sendero óctuple: ideas, pensamientos, discurso, acción,
sustento, esfuerzo, atenciones y concentración justos. Esto,
¡oh, monjes!, es el camino medio alcanzado por el Tathagata.
Otorga visión, otorga conocimiento y conduce a la calma,
una perspicacia superior, el despertar, y el *nirvana*". »

Del *Samyutta Nikaya* LVI.11.

Comentario

La tradición de las escrituras budistas tiene su origen en el primer sermón de Buda o primera vuelta de la rueda de la *dharma*. La versión pali de este sermón aporta un resumen conciso de la doctrina budista básica, que incluye el camino medio. La escritura budista conlleva una gran autoridad, motivo por el cual se han realizado esfuerzos de memorización, copia, transmisión y conservación de las palabras de Buda. Pero constituiría un error igualar la autoridad de Buda a cualquier formulación particular de sus enseñanzas. Las enseñanzas de Buda se han comparado a una balsa –cuando una persona emplea una balsa para cruzar un río, la deja atrás y continúa su camino. Cuando alguien emplea la *dharma* para cruzar el río del sufrimiento, sus palabras pueden dejarse atrás.

Con este enfoque práctico con respecto a la autoridad de las escrituras, la tradición budista ha sido bastante flexible en cuanto al desarrollo de nuevas escrituras con el fin de responder a las nuevas situaciones culturales. Los *sutras* mahayana constituyeron una «segunda vuelta de la rueda de la *dharma*» para introducir el ideal *bodhisattva*. Los *tantras* de los vajrayana introdujeron un nuevo conjunto de escrituras para expresar un método diferente en cuanto al despertar. Las nuevas escrituras han tenido un papel importante en el budismo chino, y, a menudo, han contribuido a la vitalidad del budismo en el Tíbet.

CAPÍTULO CUATRO

PERSONAS SAGRADAS

Si la meta de la vida budista consiste en seguir el ejemplo de Buda, no debe resultar sorprendente que la tradición haya generado muchas figuras destacables. Durante la vida de Buda, muchos monjes y monjas siguieron sus pasos y, como resultado, según la tradición, alcanzaron el nirvana (*véase* pág. 90). A medida que las comunidades monásticas se iban transformando en sofisticados centros de enseñanza y meditación, se les otorgó un papel formador en el desarrollo de la tradición india, igual que en el resto del continente asiático.

Con la aparición de la doctrina mahayana, el ideal *bodhisattva* supuso que ya no era necesario ser un monje o una monja para seguir el ejemplo de Buda. En la tradición mahayana son muchos los que han alcanzado un grado especial de santidad o autoridad sin pertenecer a la estructura de una comunidad monástica.

IZQUIERDA: Monjas budistas tibetanas que participan en una sesión de debate en el patio del convento Dolma Ling, en Dharamsala (India).

El hecho de ser una «persona sagrada» en la tradición budista consiste, sobre todo, en imitar el ejemplo de Buda. El mejor modo de lograrlo consiste en embarcarse en una vida monástica con el fin de hallar el *nirvana* (iluminación perfecta). Los mejores ejemplos del ideal monástico vinieron de la mano de los primeros seguidores de Buda, como ocurrió en su principal discípulo, Shariputra (en pali, Sariputta). Poco después de su conversión gracias a Buda, se convirtió en un *arhant* o «justo», persona que, al igual que su maestro, había alcanzado el *nirvana*. Su amigo Maudgalyayana (en pali, Moggallana) fue convertido al mismo tiempo, y se afirmaba que poseía la habilidad mágica de dominar las hostiles fuerzas de la naturaleza y de viajar a voluntad hasta los niveles más elevados del cosmos. Alcanzó popularidad en la leyenda budista china como Mulian, quien viajó hasta el infierno para interceder por su madre.

Uno de los más destacados primeros discípulos de Buda fue Angulimala («Guirnalda de Dedos»), quien antes de conocer a Buda era un asesino que utilizaba los dedos de sus víctimas como collar. Sin embargo, después de conocer a Buda, quedó tan conmovido por su relato acerca del *dharma* que se convirtió en monje y alcanzó el *nirvana*.

Los monasterios indios de siglos posteriores también dieron lugar a personalidades célebres por su coraje, erudición o dotes meditativas. El destacado monje chino Xuanzang (596-

664) visitó la India a principios del siglo VII, estudió filosofía en los monasterios indios, y nos dejó un relato de monjes eruditos que competían por conseguir la ayuda de los reyes en grandes debates públicos. Fruto del sofisticado mundo monástico son los filósofos mahayana Shantarakshita y Kamalashila, quienes presidieron la fundación del primer monasterio budista en el Tíbet, y Atisha, quien contribuyó a la reintroducción del budismo en el Tíbet durante la denominada «difusión tardía».

La relación de figuras monásticas que ayudaron a conformar la religión en el este, el Sureste Asiático y el Tíbet es interminable. En Sri Lanka, por ejemplo, el monje indio Buddhaghosa (siglo V) recogió los comentarios locales para plasmarlos en la tradición theravada del Sureste Asiático. En China, el monje Huineng (638-713) se convirtió en el sexto patriarca y fundador de la escuela chan del sur («Meditación»). Su versión iconoclasta de la doctrina chan llegó a convertirse en la tradición dominante en China, además de constituir la fuente del zen japonés.

El monje japonés Kukai o Kobo Daishi (774-835) viajó a China y trajo consigo una forma de budismo tántrico que se conoció en Japón como la «escuela shingon» («palabra verdadera»). Asimismo, introdujo el sistema de escritura fonética que se emplea hoy en día en Japón para complementar el empleo de los caracteres chinos. En el período Kamakura, el monje Dogen (1200-1253) siguió el ejemplo de Kukai, de manera que realizó un viaje a China y volvió con una nueva y vigorosa forma de meditación en la que se basó la escuela soto de zen. En el Tíbet del siglo XIV, el monje Tsong kha pa (1357-1419) llevó a cabo un extraordinario acto de síntesis intelectual que fructificó en la tradición gelukpa y en la escuela de los dalai lama.

La práctica monástica del budismo continúa en la actualidad con figuras tan reverenciadas como Thich Nhat Hanh (1926), un monje vietnamita que encabezó la Delegación Budista de la Paz durante la guerra de Vietnam y predicó la virtud budista del «pensamiento en los demás» en Occidente. Para muchos, tanto budistas como no budistas, es posible que el ejemplo más visible del «ideal budista» sea Tenzin Gyatso, el decimocuarto dalai lama (*véase* pág. 99).

En la tradición tántrica, en especial en el Tíbet, ha existido una complicada interacción entre el ideal del monje erudito en una comunidad monástica y el del *siddha* o «santo» solitario. La tradición tántrica india considera como modelo de *siddha* a Maitrigupta (o Maitripa), quien consiguió sus adelantos meditativos al margen de la civilización, es decir, en los bosques o campos de incineración y trabajando con maestros carismáticos y poco convencionales. Padmasambhava, el santo tántrico indio que compartió la fundación del primer monasterio tibetano, se representa como una figura solitaria con

Un monje japonés pidiendo limosna. Las palabras bhikshu *(«monje») y* bhikshuni *(«monja») provienen de un término sánscrito que significa «mendigar».*

poderes extraordinarios. Su consorte, Ye-shes-tsho-gyal, fue una figura poderosa por derecho propio.

El «santo» tibetano Milarepa (1040-1123) trabajó durante muchos años con el irascible gurú Marpa antes de conseguir la iniciación y de retirarse a las montañas para vivir como un *siddha* solitario.

Uno de los desarrollos institucionales más importantes del ideal *bodhisattva* fue su ampliación para incluir una monarquía sagrada, una tradición que ha existido en el budismo desde el siglo III a. C. bajo el mandato del emperador Asoka, quien asumió un rango especial denominado *dhamma-raja* (en sánscrito, *dharma-raja*, «rey justo») gracias a su política de protección y promoción con respecto al *dharma* (*véase* pág. 16).

Con el desarrollo de la tradición mahayana, los reyes y príncipes budistas llegaron a ser considerados *bodhisattvas*. Entre ellos, cabe mencionar al príncipe Shotoku, quien jugó un papel fundamental en la introducción del budismo en Japón, y a los dalai lama del Tíbet, a quienes los budistas tibetanos veneraban como la encarnación del *bodhisattva* celestial Avalokiteshvara. El merecido respeto debido a su rango de *bodhisattvas* permitió a los dalai lama asumir responsabilidades en el ámbito secular, así como en el religioso del Tíbet.

No todas las figuras que se han considerado un ejemplo de ideal monástico han sido hombres. Durante su vida, Buda accedió a ordenar a su tía y a formar una orden de monjas. El canon pali contiene un texto, conocido como el *Therigatha* («Los Versos de las Ancianas»), en el que se encuentra un gran número de canciones elocuentes que se atribuyen a este primer grupo de monjas. En la actualidad, las monjas han desaparecido en muchos países budistas, aunque aún persisten algunas órdenes femeninas en el Tíbet y China. Además, se están gestando movimientos para fundar estas órdenes en otros países.

Durante el período Kamakura en Japón, muchos movimientos mayoritarios rompieron con el ideal monástico y permitieron el matrimonio de sus líderes. Este patrón ha persistido hasta la actualidad. El liderazgo de la doctrina *jodo shinshu* («secta de la tierra pura y verdadera»), cuyos orígenes se remontan a Shinran, cuenta con un clero que puede contraer matrimonio y que no sigue los preceptos de la vida monástica. Lo mismo ocurre en otras doctrinas japonesas, como *soka gakkai* y *rissho kosei-kai*, cuyos orígenes se remontan al carismático reformista japonés Nichiren (1222-1281). Nichiren llevó un mensaje profético a Japón al pedir a este país el retorno a la auténtica práctica del budismo.

Milarepa se encuentra con su maestro

« A orillas del camino, un monje alto y corpulento, de ojos brillantes, araba un campo. Cuando lo vi, sentí una inexplicable e inconcebible dicha. Durante un momento, su presencia detuvo mis pasos. Entonces dije: "Señor, me he enterado de que Marpa el traductor, discípulo directo del glorioso Naropa, vive en este lugar. ¿Dónde se encuentra su casa?".

Me observó durante bastante tiempo. Entonces me preguntó: "De dónde vienes?".

Yo le contesté: "Soy un gran pecador del lago Tsang. Él es tan famoso que he venido a pedirle el auténtico *dharma*".

Él afirmó: "Yo te presentaré a Marpa, pero en este momento está arando este campo".

Tomó un poco de cerveza del suelo, que se hallaba escondida debajo de un sombrero, y me la ofreció. Era una buena cerveza y con un agradable sabor.

El dijo: "Ara con fuerza", y se marchó. »

De *Mi la ras pa'i mam thar.*

Comentario

Existen pocos momentos más dramáticos en la historia del santo tibetano Milarepa (1040-1123) que su primer encuentro con Marpa, el hombre que se convertiría en su maestro. Milarepa había estudiado magia negra con el fin de practicarla como venganza con un grupo de familiares hostiles. Atormentado por su crimen, buscó un maestro que le ayudara a escapar del peso de su pecado. Marpa aceptó el reto, y sometió a Milarepa a un proceso de severos castigos y disciplina antes de proporcionarle la iniciación con la que se liberó. La humildad de Milarepa y su actitud de aceptación de la dureza extrema para alcanzar la verdad le han convertido en uno de los santos tibetanos más apreciados.

La relación entre alumno y maestro es crucial en la práctica de un gran número de tradiciones budistas. Las historias de Buda a menudo enfatizan sus «hábiles medios» para percibir las distintas necesidades de sus discípulos y desarrollar una forma de enseñanza efectiva. En el caso de los estudiantes del budismo tántrico, el maestro actúa como representante de Buda con el fin de guiar al alumno a través de los peligros del camino. En el budismo chan o zen, el maestro transmite una línea de enseñanza «ajena a las palabras y las letras» que se remonta al mismo Buda.

CAPÍTULO CINCO

PRINCIPIOS ÉTICOS

Los relatos tradicionales de la ética budista se centran en el «noble sendero óctuple», encargado de conducir al hombre desde el mundo de sufrimiento al *nirvana*. Para seguir este sendero, una persona debe evitar las malas acciones, como matar o robar, puesto que conllevan consecuencias negativas en esta vida y en la próxima. Una persona también debe disciplinar la mente a través de la meditación, además de desarrollar una conciencia sobre la naturaleza de la realidad.

Los detalles prácticos de la ética budista varían geográficamente, en particular en los países en que se practica la doctrina mahayana, donde el ideal activo del compasivo *bodhisattva* tiende a sustituir el ideal contemplativo de una persona que busca el *nirvana*. Pero la ética budista nunca ha perdido su preocupación práctica por el desarrollo total de la personalidad.

IZQUIERDA: Una pintura china del siglo XII en la que se representa a Buda dando limosna a los pobres, lo que constituye un ejemplo de una «buena acción» que ayudará a su alma a alcanzar el nirvana.

El espíritu de la ética budista se expresa en la historia de un hombre llamado Malunkyaputta, quien se enfrentó a Buda diciéndole que no escucharía sus enseñanzas hasta que le contestara a una serie de preguntas: «¿Cómo se creó el mundo?, ¿existirá Buda después de la muerte?». Buda respondió a Malunkyaputta comparándolo con un hombre herido por una flecha envenenada, pero que se niega a que la extraigan hasta que el médico le pueda decir de qué material está fabricada la flecha, quién la disparó, etcétera. Para los budistas, cualquier especulación se encuentra sujeta a un principio práctico, que únicamente adquiere sentido si puede servir de ayuda para que una persona erradique la «flecha del sufrimiento» y encuentre el camino al *nirvana*. Cualquier otro tipo de especulación, como las preguntas formuladas por Malunkyaputta, es secundaria.

En las tierras del norte y este de Asia, dominadas por la doctrina mahayana, el ideal ético del *bodhisattva* se convirtió en el principio básico de la práctica moral, tanto para los monjes y monjas budistas como para los seglares. El *bodhisattva* cultiva las virtudes de la compasión *(karuna)* y la sabiduría *(prajna)*. Estos dos principios se expresan en el «voto *bodhisattva*»: «¡Deseo conseguir el estado de *buddha* por encima de cualquier otra cosa!».

La virtud de la compasión constituye un ideal activo, puesto que se basa en la reducción del sufrimiento de los demás, lo que incluye ayudar a los demás a alcanzar el *nirvana*, llegando al extremo de posponer la consecución del propio *nirvana*. La sabiduría es más contemplativa. Se basa en observar a través del «velo de ilusión» que cubre la experiencia ordinaria, lo que conlleva una liberación del sufrimiento.

La guía básica para alcanzar el *nirvana* radica en el «noble sendero óctuple», proceso de disciplina basado en ocho principios: comprensión, pensamiento, discurso, acción, sustento, esfuerzo, atención y concentración correctos. De modo alternativo, los requisitos previos fundamentales para el *nirvana* pueden expresarse como tres principios: abstención de las malas acciones (*shila*, «conducta moral»), una mente disciplinada (*samadhi*, «concentración mental») y un conocimiento adecuado de uno mismo y del mundo (*prajna*, «sabiduría»).

Estos principios están estrechamente relacionados con la interpretación budista tradicional de la ley del *karma* o retribución moral, que gobierna el proceso de la muerte y el renacimiento. Una persona debe abstenerse de cometer malas acciones; de lo contrario, recibirá un castigo en una vida futura y esas mismas acciones le dificultarán el escape del ciclo de muerte y renacimiento. La «concentración mental» ayuda a erradicar el deseo y el odio que conducen a cometer acciones dañinas. Del mismo modo, la «sabiduría» acaba con la falsa percepción de uno mismo que nutre el proceso de deseo, odio y maldad.

Para los legos del budismo theravada y, de hecho, para la mayoría del resto de los budistas, la «conducta moral» se resume en cinco preceptos: no matar, no robar, no abusar del sexo, no mentir y no tomar bebidas alcohólicas. Los monjes theravada novicios observan cinco preceptos adicionales: no comer después del mediodía, no usar adornos, no asistir a espectáculos, no emplear dinero y no utilizar camas blandas. Sin embargo, una vez ordenados, los monjes están sujetos a más de doscientas reglas que se describen en el *Vinaya Pitaka*.

La práctica de la «concentración mental» *(samadhi)* puede presentarse bajo distintas formas en la tradición budista. Una de las técnicas básicas consiste en sentarse con la espalda totalmente recta y las piernas cruzadas, y cultivar la «consciencia» (en sánscrito, *smrti*; en pali, *sati*) de la propia respiración. Se trata de tranquilizar la mente, disminuir las emociones nocivas y despertar la conciencia del flujo de la realidad que compone a uno mismo y al mundo. Otras formas de meditación incluyen una evocación deliberada de imágenes mentales, a menudo de *buddhas* o *bodhisattvas*.

El cultivo de la «sabiduría» *(prajna)* adquiere múltiples formas. En la tradición theravada se asocia con el estudio de la *Abhidhamma*, la tercera sección del canon pali, y su concepto clave, la doctrina de la «negación de uno mismo». El hecho de ser sabio (o, en palabras del noble sendero óctuple, tener «ideas justas») consiste en tener conocimiento en que el propio ser cambia a cada momento y que, por lo tanto, no posee una identidad permanente. En la tradición mahayana, la comprensión de la «negación de uno mismo» se expresa en la doctrina de la «vacuidad». Para muchos practicantes de esta tradición, todas las cosas están «vacías» de identidad. El *nirvana* también puede experimentarse en el vacío del presente.

Un monje reflexiona sobre las escrituras budistas en el complejo del gran templo de Angkor Thom, en Camboya.

Los fundamentos de la consciencia

« En cierta época, el Señor se encontraba en Uruvela, bajo una higuera a orillas del río Nerenjara, despertando a un seguidor. Como el Señor se encontraba aislado y recluido, tuvo el siguiente pensamiento: "Ésta es la única manera de que los seres vivos adquieran pureza, superen las penas y el dolor, terminen con el sufrimiento y la tristeza, alcancen el sendero justo y logren el *nirvana*, es decir, los cuatro fundamentos de la atención".

¿Cuáles son estos cuatro fundamentos? Un monje debe vivir de tal manera que practique la contemplación personal con respecto a su cuerpo. Debe ser enérgico, asertivo, atento y debe evitar la codicia y el descontento. Es necesario seguir el mismo camino con respecto a los sentimientos, la mente y los estados mentales. Se trata de la única manera de que los seres vivos se purifiquen, superen la pena y el dolor, terminen con el sufrimiento y la tristeza, encuentren el sendero justo y logren el *nirvana*, o, lo que es lo mismo, los cuatro fundamentos de la atención. »

Del *Samyutta Nikaya* XLVII.18.

Comentario

Un requisito previo esencial para lograr el *nirvana* radica en la facilidad para tranquilizar la mente y calmar las pasiones. En la tradición mahayana, esta «consciencia» se considera esencial para poder conseguir la compasión: a medida que la mente se va centrando y tranquilizando, aumenta la posibilidad de percibir el sufrimiento de los demás.

Los budistas, a menudo, comienzan su meditación con un simple ejercicio de consciencia. En ocasiones, una persona practica la consciencia sentándose con las piernas cruzadas en la tradicional posición de meditación y prestando atención al movimiento respiratorio. Pero el mismo tipo de atención puede extenderse a cada ámbito de la actividad humana. Cuando una persona está sentada, debe ser consciente de que está sentada. Cuando se está caminando, es necesario ser consciente de que se está caminando.

En su nivel más básico, esta práctica está encaminada a cultivar la claridad del pensamiento para ser consciente de los pensamientos y sentimientos que inundan la mente en el proceso de la experiencia cotidiana. Pero la atención también permite que la mente se tranquilice, de la misma manera que un lago permanece en calma cuando ya no sopla el viento que mueve sus aguas formando olas, o cuando un fuego se va consumiendo hasta que finalmente se extingue cuando ya no se alimenta.

CAPÍTULO SEIS

ESPACIOS SAGRADOS

En la tradición budista, los espacios se tornan sagrados por su asociación con Buda u otras personas sagradas. Históricamente, el prototipo de templo budista era una *stupa* o túmulo funerario que contenía las reliquias de los restos incinerados de Buda. Las *stupas* continúan constituyendo un importante punto de adoración, no sólo en el norte de la India, sino también en todo el mundo budista, lo mismo que ocurre con los templos destinados a la veneración de determinados *buddhas* o *bodhisattvas*.

Si bien es sagrado el lugar en el que Buda consiguió su despertar, lo es también el cosmos. Algunos países, como el Tíbet, o lugares particulares, como las montañas, se asocian con deidades budistas. Incluso el lugar donde se practica la meditación, al considerarse una réplica de los tronos de los *buddhas*, puede interpretarse como sagrado.

IZQUIERDA: El maestro Soen Ozeki rastrillando grava en el jardín zen de Daisen-in, en Kyoto (Japón). La grava blanca representa la pureza de la mente. El árbol significa el despertar de Buda.

En sus instrucciones finales a sus discípulos, tal y como se hace patente en el *Mahaparinibbana Sutta* pali, Buda solicitó que su cuerpo fuera incinerado y sus restos enterrados en una serie de *stupas* o túmulos funerarios, que sirvieran como lugares de veneración y meditación. La forma básica de un templo budista imita una de estas *stupas* primitivas, con un gran túmulo central rodeado por una barandilla y coronado por una estructura cuadrada con una columna central que soporta una especie de parasoles. En las primeras *stupas*, las reliquias de Buda se albergaban en la estructura cuadrada, aunque más tarde se trasladaron al interior del túmulo central. A medida que la forma de la *stupa* fue evolucionando en la India, el túmulo se decoró con representaciones de Buda, eventos de su vida o historias destacadas presentes en los textos budistas. Para honrar a Buda en uno de estos templos tradicionales, un devoto podía realizar ofrendas de la misma manera que los hindúes frente a una imagen de uno de sus dioses, es decir, con flores, velas, incienso, etc. Otra posibilidad de adoración consistía en caminar alrededor de la *stupa* en un acto de circunvalación ritual.

La *stupa* básica era construida de muchas formas distintas dependiendo del país. En el Sureste Asiático, los templos solían ser de escasa altura y redondeados, imitando a una *stupa* tradicional. En el Tíbet, la estructura estaba dominada por la verticalidad con el fin de adquirir la forma de un *chorten* o «lugar de ofrenda». En China, Corea y Japón, la forma elevada de una pagoda tiene su origen en los graciosos parasoles que solían adornar la parte superior de las *stupas* en la India.

En el gran templo budista de Borobudur, en Java, el sencillo sendero de circunvalación se construyó con el propósito de lograr una serie de galerías ascendentes, decoradas con la historia de Sudhana, un joven peregrino mahayana que buscaba la iluminación. En la parte superior de la estructura, el devoto se encuentra con una plataforma abierta donde se halla un conjunto de *stupas* individuales, cada una de las cuales alberga la imagen de un Buda sentado. En el centro de la plataforma se alza una gran *stupa* vacía que representa, aparentemente, la claridad vacía de la conciencia de Buda. Existen pocas representaciones en todo el mundo budista que plasmen de un modo más elegante y poderoso el despertar de Buda.

Los budistas indios establecieron una tradición en la construcción de los templos que seguía el patrón hindú. Los primeros templos budistas se construyeron en cuevas en la India occidental. Normalmente, la entrada de la cueva conducía a un gran espacio abierto donde los devotos podían sentarse o permanecer de pie frente a una pequeña *stupa* o una imagen de Buda. En ocasiones, la imagen de Buda se encontraba en otra habitación, que era similar a la *garbha-grha* o «casa-vientre» de un templo hindú. En épocas más recientes, se han intentado reconstruir algunos de los más importantes templos budis-

tas indios que fueron destruidos durante los siglos XII y XIII.
Por ejemplo, una organización budista conocida como la Sociedad Mahabodhi («Gran Despertar») ha liderado la restau-
ración del templo en Bodh Gaya, el lugar en que Buda logró
su despertar.

La arquitectura de los templos budistas adquirió una gran
influencia en todo el mundo budista. El templo del Diente,
en Kandy (Sri Lanka), y el templo del Buda Esmeralda, en

*El templo budista de Borobudur en la isla de Java, en Indonesia.
Esta destacada transformación de la* stupa *tradicional constituye
una representación del cosmos en tres dimensiones.*

Bangkok (Tailandia), son sagrados para la realeza de ambos países y se han utilizado como símbolos del poder monárquico. El templo de Jokhang en Lhasa alberga, según parece, la imagen más antigua de Buda en el Tíbet, y ha sido durante siglos un centro activo de peregrinación budista. El gran templo de Nara, en Japón, desempeñó un papel decisivo a la hora de establecer relaciones entre el budismo y la dinastía imperial japonesa.

Durante el siglo XX y ahora, en el XXI, los templos budistas se han convertido en parte del paisaje de Europa y Estados Unidos. Algunas veces se ha considerado a Los Ángeles como la ciudad budista más variada y compleja del mundo, y entre sus múltiples lugares sagrados se encuentra el extenso complejo de templos Hsi Lai, construido por una creciente comunidad budista taiwanesa.

El espacio creado por la arquitectura sagrada puede entenderse a escala cósmica. Por ejemplo, el domo central de una *stupa* representa el monte Meru, la montaña budista cósmica que marca el centro del mundo, y los parasoles que se alzan sobre el eje central de la *stupa* están estrechamente relacionados con los niveles celestiales ocupados por las diferentes categorías de dioses en la antigua tradición india. Sobre los parasoles, en el espacio vacío del cielo, se extiende el ámbito sin forma creado por los «santos» budistas en sus niveles más elevados de meditación, así como los «terrenos de *buddha*», es decir, los lugares en los que habitan los *buddhas* y *bodhisattvas* celestiales de la tradición mahayana. Así, una circunvalación ritual de una *stupa* no se realiza únicamente con el propósito de recordar y venerar la vida de Buda, sino también como orientación particular y firme en el centro del cosmos.

En la tradición india, el concepto de centro sagrado se encontraba especialmente asociado al trono del despertar de Buda, o *bodhimanda*, en Bodh Gaya. De acuerdo con las leyendas populares indias, todos los *buddhas* se dirigen al mismo trono para lograr su despertar. La estructura de piedra actualmente visible bajo el árbol bodhi en Bodh Gaya se dice que constituyó la parte superior de un trono de diamantes que se extendía hasta el centro de la Tierra. El concepto del «asiento de la iluminación» sagrada también puede aplicarse a las montañas sagradas, tales como el monte Kailasa, en el Tíbet, y el monte Wutai, en China, que son reverenciados por ser los tronos de poderosos *buddhas* o *bodhisattvas*.

Por otro lado, la idea del asiento sagrado también toma el significado de santificar el sencillo espacio en que el budista común se sienta a meditar. Los devotos de la doctrina zen se recuerdan a sí mismos que el lugar en que se sientan a meditar es el trono de todos los *buddhas* del pasado y el futuro.

En la tradición budista, las reliquias y las imágenes de Buda que se veneran en los templos constituyen su «Cuerpo». Sus enseñanzas, conocidas con la denominación de «cuerpo de *dharma*», también son objeto de veneración y, en algunas ocasiones, incluso en sentido literal. Algunas de las primitivas *sutras* mahayana afirman que cualquier lugar en el que se exponga la *dharma* debe ser considerado como un «templo» *(chaitya)* de Buda. Asimismo, los escritos indios clásicos describen los templos como lugares en los que se expone una copia de la escritura mahayana con gran pompa y ceremonia con el fin de servir como punto de veneración. Muchas *stupas* indias contienen textos sagrados en lugar de las reliquias de Buda. El respeto por la escritura también se observa en los templos tibetanos, donde las copias de los *sutras* mahayana se exponen en los altares o en sus alrededores. Este interés también se hace patente en la estima otorgada al *Sutra del Loto* por parte de las sectas japonesas que remontan sus orígenes al reformista social y religioso Nichiren.

Tanto en la India como en el resto de países, la definición de templo budista podría ser bastante amplia, dado que un lugar considerado sagrado por el hecho de asociarse con Buda no implicaba necesariamente un monumento arquitectónico importante. Muchos relatos de viajeros de la India antigua describen pequeñas, aunque inusuales, características del paisaje asociadas con la vida de Buda. Se afirmaba que las marcas en las rocas de un riachuelo cerca de Sarnath habían surgido por la túnica de Buda, mientras éste lo cruzaba. Un barranco situado en una ciudad cercana a Shravasti había surgido, según se dice, para tragarse a uno de los enemigos de Buda. En muchos lugares se veneran las huellas de las pisadas de Buda, las más notables de las cuales se hallan en el pico de Adán en Sri Lanka. Según la tradición theravada, Buda utilizó su poder mágico para volar hasta Sri Lanka, y dejó sus huellas como muestra de su visita.

Durante siglos, los lugares sagrados de la tradición budista se consideraron foco de peregrinación. Como se indica en el relato chino *El viaje a Occidente*, los lugares del norte de la India asociados con la vida de Buda atraían a los peregrinos procedentes de lugares lejanos como China hasta que la destrucción del budismo indio imposibilitó este tipo de viajes. Los budistas del Sureste Asiático peregrinan a lugares sagrados en su tradición, entre los que se encuentra el pico de Adán. Los tibetanos viajan al Tíbet central, a los lugares sagrados de Lhasa, y emprenden el penoso trayecto hacia el oeste del país con el fin de rodear el monte Kailasa. Otras montañas también forman parte del destino de los peregrinos. Los budistas chinos viajan al monte Putuo, situado en una pequeña isla en las costas de la provincia de Zhejiang, para rendir tributo al *bodhisattva* Guanyin, que, según se cree, reside en este lugar, y buscar sus favores. En Japón, el monte Fuji es venerado por muchas sectas budistas.

La historia del budismo japonés es rica en relatos de peregrinos muy conocidos. Algunos de ellos, entre los que se encuentran los fundadores del zen, Eisai y Dogen, viajaron a China con el propósito de buscar la *dharma*. Otros, como el poeta Matsuo Basho (1644-1694), vivieron su búsqueda del despertar en los caminos de Japón.

Los lugares sagrados del budismo pueden ser invisibles. El apocalíptico *Kalachakra Tantra* («Rueda del Tiempo»), uno de los últimos textos tántricos aparecidos en la India, relata la historia de un reino mítico denominado Shambhala, que se encuentra oculto en las montañas del norte de la India y que está gobernado por un rey budista justo. El texto profetiza un tiempo en que las fuerzas del mal conquistarán el mundo. En ese momento, Shambhala será visible y el rey justo saldrá de su ciudadela, rodeado por sus ejércitos, para derrotar a las fuerzas del mal y restablecer el poder de la *dharma*.

La profecía de la *Kalachakra* supone un tipo de especulación mesiánica que ha tenido una importante influencia en algunas etapas de la historia budista. Para los tibetanos, no sólo supone la imagen de un reino budista ideal, sino también una meta simbólica idealizada, susceptible de ser alcanzada por un *yogi* gracias a un proceso de meditación.

Como la utopía de «Shangri-la», Shambhala se ha relacionado en la imaginación occidental con la idea del Tíbet como paraíso budista idealizado, con su antigua y sagrada forma de vida que se ha conservado intacta durante siglos y aislada de la influencia exterior por la infranqueable barrera del Himalaya.

El hogar de Guanyin en el monte Putuo

« Sus cejas tienen la forma de la luna nueva

Y sus ojos se asemejan a dos estrellas centelleantes,

Su cara como jade refleja la alegría natural,

Y sus labios son de un rojo brillante.

Su vaso inmaculado rebosa néctar todos los años,

Conteniendo ramas de sauce siempre verde.

Ella dispersa los ocho infortunios;

Ella redime a las multitudes;

Ella tiene gran compasión;

Así gobierna desde la montaña T'ai,

Y vive en el mar del Sur.

Ella salva a los bondadosos, buscando sus voces,

Siempre atenta y solícita,

Siempre sabia y eficaz.

Su corazón de orquídea se deleita con los grandes bambúes;

Su naturaleza casta ama la *wistaria*.

Ella es la misericordiosa soberana de la montaña Potalaka,

La Kuan-yin (Guanyin) viviente de la Cueva del Sonido

de la Marea. »

De *The Journey to the West*, Vol. 1. Chicago, University of Chicago Press, 1977, pág. 185.

Comentario

Estas líneas de *The Journey to the West,* novela del siglo XVI que relata los viajes del monje chino Xuanzang, ponen en conexión al *bodhisattva* Guanyin con el lugar de peregrinación del monte Putuo, en una isla de la costa del sur de China.

La geografía sagrada budista en China asocia tres montañas a tres *bodhisattvas* mayores: el monte Wutai, situado en la provincia de Shanxi, es el hogar de Wenshu (en sánscrito, Manjushri), el *bodhisattva* de la sabiduría; el monte Emei, en Sichuan, es el hogar de Puxian (en sánscrito, Samantabhadra), el *bodhisattva* de los actos virtuosos, y el monte Putuo, en Zhejiang, es el hogar de Guanyin (en sánscrito, Avalokiteshvara), el *bodhisattva* de la compasión. El monte Putuo se ha llegado a relacionar con Potalaka, la isla en la que reside Guanyin o Avalokiteshvara en la tradición india.

Una de las leyendas acerca de la fundación del monte Putuo relata que un monje japonés llamado Egaku navegaba de vuelta a casa con una imagen de Guanyin. Cuando su barco se aproximaba al monte Putuo, quedó encallado. Rezó a Guanyin pidiendo ayuda, y el barco fue arrastrado hacia una cueva en la costa, conocida como la Cueva del Sonido de la Marea. En ese lugar, Egaku construyó un templo en honor a Guanyin, «quien se negó a marcharse». Hoy en día, los peregrinos llegan al monte Putuo desde todos los rincones de China para ser bendecidos por el *bodhisattva*.

CAPÍTULO SIETE

TIEMPOS SAGRADOS

Los budistas hacen patente las estaciones, así como las etapas en la vida del hombre, de muchas maneras diferentes. Algunos festivales y rituales están ligados explícitamente a eventos en la vida de Buda, tales como la predicación de la *dharma* o la práctica de la vida monástica, pero algunos de los hechos más importantes, como la celebración del Año Nuevo o las ceremonias nupciales, no están tan relacionados con las tradiciones budistas.

En una escala mayor aún, los budistas han sido influidos por una teoría de las etapas históricas según la cual el presente constituye una «época degenerada» que requiere un acercamiento más simple y directo a la práctica de la *dharma*. Algunos budistas insisten en que la distinción entre los distintos momentos en el tiempo resulta insignificante y que la realidad sólo puede experimentarse absorbiendo la sacralidad del presente.

IZQUIERDA: A un niño birmano se le afeita la cabeza antes de entrar en un monasterio como monje novicio durante un período de aprendizaje.

Para muchos budistas, los festivales más significativos del año reflejan momentos de la vida de Buda. En Sri Lanka y otros países del Sureste Asiático donde domina la doctrina theravada, la festividad budista más importante es «el día de Buda» o Visakha Puja, que se celebra el día de luna llena del mes lunar de visakha (abril-mayo). Esta fiesta conmemora el nacimiento, la iluminación y la muerte de Buda. Los devotos celebran la ocasión visitando monasterios, venerando los templos o imágenes de Buda, y escuchando sermones tradicionales sobre su vida. Los tibetanos también celebran los eventos clave en la vida de Buda, aunque en ocasiones distintas, en otras épocas del año. La celebración más significativa es el festival de la concepción de Buda, o encarnación, en el decimoquinto día del primer mes lunar, el primero de una serie de eventos que marcan el Año Nuevo tibetano.

Las celebraciones también pueden centrarse en las reliquias de Buda. En Kandy (Sri Lanka), los budistas salen en julio o agosto para presenciar la procesión de lo que se cree que es uno de los dientes de Buda en un gran festival que tiene más de mil años de existencia. Faxian, un peregrino chino del siglo IX, escribió uno de los primeros relatos a modo de testimonio sobre esta antigua celebración.

En muchos países budistas se celebran festivales para honrar las enseñanzas o escrituras budistas más importantes. Los devotos theravada celebran el primer sermón de Buda el día de luna llena del octavo mes lunar, una fecha que coincide con el inicio de la temporada de los monzones, momento en que los monjes inician su retiro anual. En Laos, la historia del príncipe Vessantara, una de las encarnaciones de Buda (*véase* ilustración pág. 12), se celebra cada año. En el Tíbet se conmemora el *Kalachakra Tantra* cada año (*véase* pág. 73), y los budistas chinos y japoneses celebran festivales anuales en honor a los *sutras* budistas, principalmente el *Sutra del Loto*.

En los países donde domina la doctrina theravada, el inicio de la *samgha*, o comunidad budista, se celebra durante la luna llena del tercer mes lunar. Los celebrantes caminan alrededor de los templos budistas y escuchan sermones que alaban a los monjes como fuente de mérito para sus devotos seglares. Otros países conmemoran la llegada de la comunidad monástica en sus propias costas, y muchos monasterios honran la fecha de su fundación.

En el sur y el Sureste Asiático, las comunidades monásticas observan la costumbre de la «retirada a causa de la lluvia» durante los meses del monzón (de julio a octubre). Esta costumbre se remonta a los primeros días del budismo, cuando las lluvias imposibilitaban el paso de los monjes por los caminos, lo que les obligaba a establecerse en los monasterios durante esta época. Para los monjes, la retirada a causa de la lluvia supone una época de estudio y meditación; para los seglares, la finalización se convierte en un motivo de celebración, motivo por el cual se unen a los monjes en elaboradas procesiones y realizan ofrendas de ropa y otras necesidades para sostener a la comunidad monástica durante el año venidero.

Una de las celebraciones más importantes, ligadas a las estaciones, en la cultura budista, especialmente en el este de

Devotos en Kandy (Sri Lanka), durante el festival anual en el que una reliquia sagrada, un diente que pertenecía a Buda, se lleva en procesión por las calles.

Asia, marca el inicio del Año Nuevo. En China y Japón, la celebración del Año Nuevo apenas conserva conexiones con los temas budistas. La celebración del Año Nuevo en el Tíbet incluye una referencia a algunos de los eventos milagrosos en la vida de Buda, aunque su principal función ritual consiste en exorcizar las influencias malignas del año anterior para atraer la prosperidad y la buena fortuna a la comunidad.

Una celebración propia del este asiático con un contenido más explícitamente budista es el Festival de los Muertos. Celebrado en Japón a mediados de julio, el festival O-bon conmemora los esfuerzos de Maudgalyayana, uno de los primeros discípulos de Buda, para salvar a su madre fallecida.

Los ritos de transición son tan importantes para los budistas como para las demás tradiciones religiosas. Los budistas en los países donde domina la tradición theravada observan una serie de rituales que tiene lugar desde el nacimiento hasta la edad adulta. En Myanmar, los ritos especiales de la infancia incluyen diversas ceremonias: del embarazo, del nacimiento, de la elección de nombre, de la perforación de las orejas, en el caso de las niñas, y otra para recoger el cabello de los niños. Habitualmente en estas ceremonias existen pocos elementos que tengan su origen en el budismo (aunque los monjes budistas a menudo están presentes para recitar sus cantos u oraciones). Sin embargo, una vez que un niño alcanza la adolescencia, la ordenación monástica a menudo sirve como rito de transición para simbolizar el paso de la infancia a la edad adulta. Una vez ordenado, el joven pasa el tiempo justo en el monasterio para aprender las reglas de la práctica monástica o para aprender a leer y escribir. Sin embargo, puede decidir tomar los votos y convertirse en un miembro permanente. El ritual de ordenación revive los actos de la propia renunciación de Buda. Al niño se le afeita la cabeza, viste una túnica monacal y pronuncia las frases que marcan su entrada en la orden. (En la doctrina mahayana, se pone menos énfasis en la ordenación como ritual de madurez. Pero para los pocos jóvenes que eligen la senda monástica, resulta una transición igualmente decisiva hacia otro tipo de vida.)

La misma ambigüedad que rodea los ritos de la infancia en la tradición theravada se extiende a las bodas «budistas». Buda apenas sirve como modelo de afirmación del matrimonio, ya que él abandonó a su familia para convertirse en un monje errante. En el Sureste Asiático, los monjes budistas son invitados a las bodas para recibir ofrendas y cantar textos apropiados a ese acontecimiento, aunque el elemento budista en las ceremonias es prácticamente anecdótico. En China, incluso para los budistas, el ritual del matrimonio está dominado tradicionalmente por los valores chinos de piedad filial y de respeto a los ancestros. En Japón, a su vez, los matrimonios tradicionales se celebran en un contexto más sintoísta que budista.

Sin embargo, el caso de los funerales es diferente. La renuncia de Buda a su casa y comodidades terrenas tuvo origen en la visión de la vejez, la enfermedad y la muerte, motivo por el cual los rituales que rodean a la muerte se encuentran completamente ligados a los valores budistas. En China, Corea y Japón, los individuos acuden a los monjes y sacerdotes budistas para celebrar sus funerales, y los lazos familiares con determinados templos se refuerzan gracias a las ofrendas anuales y recuerdos en honor de los difuntos. En el Sureste Asiático, los funerales suelen durar varios días, y en ellos se incluyen ofrendas, así como recitación de *sutras* con el propósito de otorgar méritos adicionales a los fallecidos para su provecho en la vida futura.

La percepción de los budistas sobre los tiempos sagrados no se limita a las estaciones del año o a los eventos de la vida. También existe una tradición budista que se relaciona con el declive de la *dharma* a partir de una época dorada, durante la vida de Buda, hasta una época de degeneración en la cual es difícil practicar la *dharma* bajo la forma tradicional. Este concepto adquirió una profunda influencia en el budismo japonés durante el período Kamakura (1192-1333). Finalmente, es importante reconocer que para muchos budistas las distinciones en el tiempo no son relevantes y que el despertar es posible en cualquier momento.

La época de decadencia de la *dharma*

« El Señor Shakya hizo saber a todos los seres celestiales que cuando, dos mil quinientos años después de su muerte, todas las verdades estuvieron rodeadas de oscuridad, el Bodhisattva de la Acción Suprema sería el encargado de salvar a los hombres más malvados que degradaban la verdad, y de curar a los leprosos sin esperanza con la medicina misteriosa de la adoración al Loto de la Verdad Perfecta. ¿Puede esta proclama ser falsa? Si esta promesa no es vana, ¿cómo pueden los gobernantes de Japón permanecer seguros, cuando estando inmersos en el torbellino de la discordia y la maldad, han reprendido, insultado, atacado y desterrado a los mensajeros del Tathagata y a sus seguidores, a quienes Buda encargó la difusión del Loto de la Verdad?

La gente afirmará que se trata de una maldición; sin embargo, aquellos que propagan el Loto de la Verdad son, en realidad, los padres de todos los hombres que viven en Japón. [...] yo, Nichiren, soy el maestro y señor de los soberanos, así como de los budistas de otras escuelas. A pesar de ello, los gobernantes y los pueblos nos tratan con maldad. [...] Por lo tanto, los mongoles también vendrán a castigarles. [...] Está escrito que todos los habitantes de Japón sufrirán a manos de los invasores. **»**

De «Nichiren's Account of the Degenerate Age of the Dharma» citado en Wm. Theodore de Bary, ed., *Sources of Japanese Tradition*. Nueva York, Columbia University Press, 1958, págs. 225-226.

Comentario

Igual que ocurre con las primeras generaciones de muchas religiones, los primeros budistas tenían la sensación de que la vida era más satisfactoria cuando el fundador de su tradición aún estaba vivo. A partir de esta idea se desarrolló una teoría sobre el declive de la *dharma*: durante los primeros quinientos años después del *parinirvana* de Buda, fue posible practicar la auténtica *dharma (saddharma)*; tras otros quinientos años tan sólo fue posible acceder a una sombra de la auténtica *dharma*. En los «últimos días» (en chino, *mo-fa*, en japonés, *mappo*), incluso esta *dharma* ensombrecida había comenzado a desaparecer.

Este modelo de declive histórico adquirió una influencia significativa en la práctica budista en la India, China y el Tíbet, pero su impacto más notable se vivió durante el período Kamakura (1192-1333) en Japón. Tuvieron lugar distintas revueltas sociales, el país se encontraba continuamente en guerra, y una invasión mongola anunciaba la catástrofe inminente. Shinran y Nichiren, dos individuos reformistas destacados, predicaron que los tiempos de decadencia requerían una reorientación fundamental de la práctica budista. Para Shinran la solución radicaba en confiar en la gracia salvadora de Amida Buddha; para Nichiren era necesario confiar en el poder del *Sutra del Loto*. Ambos reformistas desafiaron a las autoridades religiosas de la época y desencadenaron movimientos masivos que cambiaron el rumbo del budismo en Japón.

CAPÍTULO OCHO

LA MUERTE Y LA VIDA DESPUÉS DE LA MUERTE

Según los relatos tradicionales, Siddharta Gautama, el joven que se convertiría en Buda, visitó un parque en el exterior de su palacio. En él pudo observar tres imágenes que le enfrentaron al problema de la muerte: un hombre enfermo, un anciano y un cadáver. En un viaje posterior al exterior del palacio, se encontró con un asceta errante que había renunciado a la vida cotidiana con el propósito de escapar al ciclo de la muerte y el renacimiento. Estas «cuatro imágenes» motivaron a Siddharta a seguir el camino de la renunciación.

Como Buda, los budistas comparten una intensa conciencia de la muerte, motivo por el cual cultivan estrategias con el fin de enfrentarse a este reto —desde las disciplinas morales y espirituales, que aseguran un renacimiento favorable, hasta la meditación y el estudio que permiten que una persona liberarse del *samsara*.

IZQUIERDA: Una thangka *(pintura devota) tibetana de la «rueda de la vida» que representa el ciclo humano de la muerte y el renacimiento. Existen seis niveles de renacimiento, que están representados por las acciones de una persona en sus vidas anteriores, lo que determina en cuál de ellos entrará.*

Las ideas budistas tradicionales acerca de la muerte se basan en la antigua doctrina india del *samsara*, traducida como «reencarnación», «transmigración» o simplemente «renacimiento», pero que, literalmente, significa «deambular», de una vida a otra. En la época de Buda, la religión en la India había conseguido asumir que la vida es un ciclo: una persona nace, envejece, muere y vuelve a nacer en otro cuerpo para comenzar nuevamente el proceso. El renacimiento puede producirse en una persona, deidad, fantasma o animal; aunque también cabe la posibilidad de que una persona renazca en el infierno como consecuencia de un castigo.

La naturaleza de la reencarnación de un individuo depende del *karma* o «acción» moral. Una persona que acumula méritos o buen *karma* en el transcurso de su vida renacerá en una situación más favorable en una vida futura, quizás incluso convertido en un dios. Lo contrario ocurre con aquellos individuos que llevan a cabo malas acciones. Antes de poder reencarnarse en una forma diferente, los ofensores deben erradicar sus errores sufriendo en uno de los niveles del infierno, los cuales se encuentran ordenados según la severidad de sus castigos. El nivel más bajo y al mismo tiempo más temible está reservado a las personas que han asesinado a sus padres o maestros. De la misma manera que los habitantes del infierno pueden lavar sus pecados y volver a renacer como seres humanos, aquellos que se elevan a la divinidad pueden agotar sus méritos y volver al ámbito de los seres humanos. No importa cuánto ascienda una persona en la escala de la reencarnación, siempre existe el peligro de descender. Ningún estado de reencarnación es permanente.

Desde siempre, las personas han intentado evitar las malas acciones y acumular méritos a través de actos de devoción o donaciones a los monjes con la esperanza de conseguir un mejor nacimiento en su vida próxima. Pero Siddharta Gautama vio el *samsara* como una rutina eterna de muerte y sufrimiento potencial, motivo por el cual intentó romper el ciclo. Según la tradición budista, el momento del «despertar» de Siddharta ocurrió bajo el árbol en Bodh Gaya. Una vez superadas las tentaciones de Mara, entró en un estado de concentración y resolvió que no se levantaría hasta haberse liberado del ciclo de muerte y renacimiento.

La primera de sus revelaciones constituyó el conocimiento de sus nacimientos previos. Ésta fue seguida por el conocimiento de los nacimientos de otros, y, finalmente, por el conocimiento de las «cuatro nobles verdades», es decir, la «verdad del sufrimiento», la «verdad del origen del sufrimiento», la «verdad del fin del sufrimiento», y la «verdad del sendero». Esto puede explicarse del siguiente modo. El «despertar» de Buda comenzó cuando se dio cuenta de que toda vida está dominada por el sufrimiento, y, en particular, por el sufrimiento que surge al ver que una persona amada, o un objeto o experiencia apreciada, mueren, como ocurre inevitablemente. Él percibió que el origen del sufrimiento se encuentra en el deseo, y que éste proviene de un concepto erróneo sobre la naturaleza de las cosas, en particular la de uno mismo. Al erradicar esta ignorancia, Siddharta fue capaz de terminar con el sufrimiento en una experiencia que los budistas conocen como *nirvana* –una palabra que literalmente significa «apagar» el fuego de la ignorancia y el deseo, los estados que Buda percibió como el «combustible» del *samsara* y la fuente del sufrimiento.

Buda alcanzó el *nirvana* en dos etapas. En el momento de su «despertar», se percató de que ya no alimentaba el *samsara* llevando a cabo acciones kármicas, en otras palabras, todo deseo en su persona había cesado. Décadas más tarde, en el momento de su muerte, conocido como su *parinirvana* o «nirvana final (o "total")», todo el *karma* residual de Buda estaba agotado y, de esta manera, quedaba completamente liberado del *samsara* para no reencarnarse nunca más.

Los monjes y monjas han intentado seguir el ejemplo de Buda para lograr la misma liberación del renacimiento renunciando a su propio apego a los placeres y responsabilidades de la vida seglar, y practicando la meditación y la buena conducta moral. Para todos los budistas, el camino al *nirvana* supone el seguimiento de preceptos como el «noble sendero óctuple» (*véase* pág. 59).

Un pergamino japonés del siglo XVII *que representa a Amida Butsu (Amitabha, superior izquierda) rodeado por los fieles.*

La tradición del budismo de la Tierra Pura, una forma de budismo mahayana que se encuentra principalmente en China, Japón y el Tíbet, sostiene que si un devoto recita con fe el nombre del *buddha* celestial Amitabha (en chino, Amituo; en japonés, Amida), éste visitará al devoto en el momento de su muerte y le ayudará a renacer en Sukhavati, la «Tierra Pura» celestial o «Paraíso Occidental». Allí, libre de las distracciones terrenales, el devoto puede prepararse para conseguir el *nirvana*, garantizado para todos los que llegan a la Tierra Pura.

La práctica del Budismo de la Tierra Pura, o amidismo, tiene sus raíces en la antigua idea india de que la meditación sobre una deidad particular en el momento de la muerte ayuda a renacer en el dominio celestial de esa deidad. El amidismo continúa dominando el concepto de la muerte en algunas de las formas más populares del budismo japonés, particularmente en los movimientos *jodoshu* («escuela de la Tierra Pura») y *jodo shinshu* («escuela de la Tierra Pura Verdadera») en Japón y en las escuelas budistas de América.

En el budismo japonés zen, existe la tradición de componer un poema en el momento de la muerte. Estos poemas a menudo proporcionan una auténtica expresión a la sensación de desprendimiento que impregna la historia del propio *parinirvana* de Buda. Un guerrero zen obligado a suicidarse por lealtad a su señor feudal describió la muerte como una espada afilada que corta a través del vacío, y la comparó con un viento frío que sopla en un fuego violento. Parecía como si su propia espada fuese el arma de la sabiduría de Buda que corta a través de las ilusiones de la vida y apaga el fuego existencial.

La finalidad de los funerales budistas consiste en asistir a los fallecidos para que logren un mejor renacimiento. Los funerales tibetanos van aún más lejos con el objetivo de asegurar la liberación del *samsara* de la persona. El *Libro de los muertos* tibetano constituye uno de los textos funerarios budistas más conocidos. Durante un período que puede prolongarse hasta cuarenta y nueve días –el tiempo que una persona requiere para renacer en otra vida– un *lama* recita las palabras del texto, inicialmente en presencia del cadáver y, posteriormente, frente a un retrato del fallecido.

El texto describe una gama de *buddhas* benevolentes e iracundos que se le aparecerán al fallecido en el «reino intermedio» *(bar-do)* entre la muerte y el renacimiento, y explica que la persona debería reconocer estas formas únicamente como manifestaciones de su propia mente. De acuerdo con el texto, es posible que el fallecido se una a estas formas para liberarse del ciclo de muerte y renacimiento. Para los que no tengan éxito en su unión a alguna de las formas *buddha*, el *Libro de los muertos* explica cómo lograr una reencarnación positiva. Esta práctica está dirigida a los vivos y a los muertos, puesto que ayuda a los dolientes a aceptar la pérdida y a prepararse para su propia transición fuera de esta vida.

Poemas japoneses sobre el momento de la muerte

« La espada afilada, desenfundada,

Corta el vacío–

Dentro del ardiente fuego

Sopla un viento frío. » Shiaku Sho'on

« Durante la noche helada

Permanecí despierto. Cuando repicaron

las campanas del alba, mi corazón se aclaró–

sobre este mundo de sueños fugaces

despunta el alba. » Hasegawa Shume

« En un viaje, enfermo:

mi sueño vaga

sobre campos marchitos. » Matsuo Basho

« La nieve del monte Fuji que se funde

es la tinta

con la que firmo

el manuscrito de mi vida,

"Sinceramente tuyo." » Kashiku

De *Japanese Death Poems*, compilados por Yoel Hoffmann. Boston, Charles E. Tuttle, Co., 1986, págs. 51, 67, 85, 82.

Comentario

Las tradiciones religiosas de la antigua India pusieron un énfasis especial en la preparación mental para el momento de la muerte, ya que se trataba del momento que servía como preparación para el camino al renacimiento en otra vida. Al mismo tiempo, constituía el momento en el que la personalidad o alma podía liberarse del renacimiento. El mismo énfasis se refleja en la tradición japonesa de escribir poemas cuando se acerca el momento de la muerte.

Los japoneses suelen realizar un empleo elocuente de las imágenes budistas que expresan cualidades de la experiencia fugaces, de ensueño y llenas de tristeza. También reflejan una añoranza por el momento que acabará con el sufrimiento de la vida y conducirá a la experiencia de liberación y paz. Sin embargo, muchos poetas y practicantes zen insisten en que resulta engañoso centrarse únicamente en el momento de la muerte —según su punto de vista, ningún aspecto de la vida es permanente.

Cuando el poeta Matsuo Basho yacía en su lecho de muerte y sus alumnos le instaron a que les dejase un poema, éste respondió que cualquiera de los que ya había escrito podía ser considerado una meditación sobre la muerte. Su respuesta refleja el pensamiento del maestro zen Dogen: «Cada momento es todo el ser, es el mundo entero. Reflexiona ahora si algún mundo o algún ser queda excluido del momento presente».

CAPÍTULO NUEVE

SOCIEDAD Y RELIGIÓN

La comunidad budista, o *samgha*, agrupa a monjes, monjas y hombres y mujeres seglares. Los monjes y monjas renuncian a las obligaciones de los seglares y viven de forma sencilla. Los seglares se casan, tienen hijos, practican la agricultura, acumulan y distribuyen la riqueza, mantienen el orden y hacen todo lo posible para que los habitantes de los monasterios alcancen el *nirvana*.

Sin embargo, las sencillas divisiones de la sociedad budista se complican debido a los distintos roles que existen dentro de la comunidad monástica –por la complejidad de las ocupaciones y funciones dentro de la comunidad seglar, así como por las relaciones cambiantes que unen los dos órdenes de la sociedad: el monástico y el seglar. Las comunidades budistas han expresado las enseñanzas sociales de nuevas maneras para dar respuesta a los desafíos de la era moderna.

IZQUIERDA: Su santidad Tenzin Gyatso (1935), decimocuarto dalai lama. Debido a su gran influencia, el budismo tibetano constituye una de las culturas budistas más importantes en el mundo actual.

La comunidad monástica budista comenzó como un grupo de personas errantes que siguió a Buda a través de los pueblos y ciudades del norte de la India. Con el transcurrir del tiempo, los monjes y monjas adoptaron un estilo de vida más sedentario. Durante los meses de julio y agosto, las lluvias monzónicas les obligaban a establecerse en un lugar fijo. De esta práctica nació la institución del monasterio *(vihara)*, que, con el tiempo, se convertiría en la institución central de la vida budista. Con el apoyo de reyes y donantes acaudalados, los grandes monasterios indios se convirtieron en centros de enseñanza, no sólo de la filosofía y rituales budistas, sino también de artes seculares como la literatura, la medicina y la astrología. Las tierras budistas del Sureste Asiático, en particular, desarrollaron sofisticadas tradiciones monásticas que, a menudo, se relacionaron estrechamente con los poderes monárquicos.

La tradición monárquica budista se remonta a los tiempos de Asoka, un gobernante del imperio de Maurya ubicado en el norte de la India en el siglo III a. C. *(véase* pág. 16) y considerado como el *dharmaraja* ideal o «rey justo». Asoka se convirtió al budismo después de una campaña militar particularmente sangrienta e intentó promover una política de *dharmavijaya*, «conquista justa», por medio de la *dharma* antes que por la fuerza de las armas. Tradicionalmente, los monarcas budistas se han visto a sí mismos como «gobernantes justos» siguiendo el ejemplo de Asoka, y han protegido los monasterios dentro de sus dominios a cambio del reconocimiento monástico de su propia legitimidad como gobernantes.

La variante más insólita de la institución monástica budista tuvo lugar en el Tíbet, donde el «gran quinto» dalai lama se aprovechó de la debilidad de sus rivales para convertirse en el líder religioso y seglar del país. El Tíbet fue gobernado por esta peculiar combinación de liderazgo monástico y secular durante siglos hasta 1950, momento en que la República Popular China, acabada de fundar, invadió el país para reforzar su hegemonía. El decimocuarto dalai lama, Tenzin Gyatso, un joven de quince años, permaneció al frente, pero fue obligado a reconocer la soberanía china.

En 1959, un levantamiento contra el poder chino provocó una dura intervención, y el dalai lama huyó a la India. A partir de este momento, los monasterios sufrieron una severa persecución y muchos fueron destruidos, en especial durante la revolución cultural (1966-1976). Sin embargo, en la década de 1980, se relajaron los controles sobre las actividades religiosas y la vida monástica volvió a comenzar en algunos de sus centros tradicionales. Desde su exilio en la India, el dalai lama continúa realizando llamadas pacíficas con el fin de conservar la cultura y la autonomía del Tíbet. Le fue concedido el premio Nobel de la paz en 1989. Sin embargo, China no ha escuchado estas solicitudes y continúa controlando los asuntos religiosos tibetanos.

Aung San Suu Kyi (1945) leyendo una declaración en la puerta de su casa, donde fue confinada por los militares birmanos debido a sus actividades en favor de la democracia.

Los budistas de todo el mundo, aunque respetan los grandes monasterios de gran influencia social, también reverencian al «santo» individual que se retira en soledad o con un pequeño grupo de compañeros con el fin de alcanzar el *nirvana* lejos del tumulto de la sociedad. Los santos del bosque de Sri Lanka o Tailandia son considerados a menudo como los grandes héroes de la tradición, y proporcionan una importante contrapartida, al mismo tiempo que cierta crítica a la vida en los monasterios más importantes y a la sociedad en su conjunto. Cuando Dogen, el fundador de la secta soto zen en Japón, rechazó la solicitud de un enviado imperial para involucrarse en la vida de la corte japonesa y expulsó al correo de su monasterio, estaba representando un antiguo ideal budista de renuncia a todos los asuntos de Estado.

La relación entre los monjes y los seglares comunes se aprecia en la antigua práctica de las limosnas matutinas todavía presente en el Sureste Asiático. Cada mañana los monjes abandonan el monasterio y van de casa en casa mendigando el sustento para ese día. Este sencillo ritual une a los monjes y a los seglares en una actitud de apoyo mutuo. Los monjes reciben las limosnas que les ayudan en su búsqueda del *nirvana*, y los seglares tienen una oportunidad diaria de practicar la generosidad y así acumular méritos que les conducirán a un mejor renacimiento en la vida próxima. Este hecho constituye un reflejo de la idea más amplia de «causalidad interdependiente» predicada por Buda. Según esta idea, cada persona posee un papel determinado en el entramado de la sociedad budista, aunque todas están enlazadas en una trama de dependencia mutua.

Durante los siglos XIX y XX, las estructuras tradicionales de la sociedad budista en el Sureste Asiático sufrieron los embates del colonialismo europeo, el secularismo, el comunismo y la ciencia moderna. Bajo la influencia de la visión moderna y científica del budismo desarrollada por la Sociedad Teosófica, el monje cingalés Anagarika Dharmapala (1864-1933) dirigió un importante movimiento de racionalización de la práctica budista, gracias a la erradicación de los aspectos «supersticiosos», y a la movilización de la comunidad budista en una lucha contra el dominio colonial británico. Desde que Sri Lanka (llamada antes de ello Ceilán) obtuvo su independencia en 1948, las instituciones budistas han prosperado, aunque no sin dificultades. La violencia étnica entre los cingaleses budistas y los tamiles hindúes ha introducido un elemento de conflicto religioso en la sociedad de Sri Lanka que parece difícil de reconciliar con la imagen de tolerancia y pacifismo características del budismo.

Myanmar destaca particularmente por su característica visión de la relación activa entre el budismo y la política. Después de su independencia (como Birmania) del Reino Unido en 1948, el primer presidente, U Nu (1907-1995), promulgó un programa de reformas conocido como «socialismo budista». U Nu afirmaba que un Estado auténticamente socialista debía promover la igualdad, desalentar los instintos capitalistas y proporcionar el suficiente tiempo libre para que sus ciudadanos se dedicaran a la meditación y a la búsqueda del *nirvana*. Derrocado por el ejército en 1962, U Nu vivió en el exilio en la India antes de regresar a Myanmar en 1980 para convertirse en un monje budista.

En otros países del Sureste Asiático, los budistas se han enfrentado al reto de vivir bajo los regímenes comunistas seculares. En Vietnam, por ejemplo, las instituciones budistas han permanecido relativamente activas, pero en Camboya fueron víctimas de la devastación nacional causada por el gobierno de los jemeres rojos entre 1975-1979, de la que ya parece que se están recuperando.

El siglo XX también fue testigo de un revivir del budismo en su lugar de origen, la India, como parte de una crítica del tradicional sistema de castas. El doctor Bhimrao Ramji Ambedkar (1891-1956), un «intocable» del estado indio de Maharashtra, vio en el budismo un ideal de justicia e igualdad social que podía liberar de la opresión a las castas desfavorecidas de la sociedad india. Creó un importante movimiento social basado en los principios budistas, que todavía continúa jugando un papel importante en la política y la vida religiosa de la India.

Una revolución espiritual

«La quintaesencia de la revolución pertenece al espíritu, y ha
surgido de la convicción intelectual sobre la necesidad de
cambio en esas actitudes mentales y valores que conforman
el curso del desarrollo de una nación. Una revolución
encaminada únicamente a transformar las políticas oficiales
e instituciones con el fin de mejorar las condiciones materiales
tiene pocas posibilidades de conseguir un verdadero éxito.
Sin una revolución del espíritu, las fuerzas que dan lugar
a las iniquidades del antiguo orden continuarían estando
operativas [...] No es suficiente realizar una simple llamada
a la libertad, la democracia y los derechos humanos. Debe
existir una determinación única [...] para realizar sacrificios en
nombre de las verdades duraderas, para resistir la influencia
corrupta del deseo, el rencor, la ignorancia y el miedo.

Los santos, se dice, son los pecadores que continúan
intentándolo. Así, los hombres libres son los oprimidos
que se dedican a intentarlo y que, en el proceso, se adaptan
a asumir las responsabilidades [...] que mantendrán una
sociedad libre [...]. Un pueblo que construiría una nación
en la cual las instituciones fuertes y democráticas estuvieran
establecidas como una garantía contra el poder del estado que
debe aprender a liberar sus mentes de la apatía y el miedo.»

De *Libros del miedo y otros escritos* por Aung San Suu Kyi. Barcelona, Círculo de Lectores, 1994.

Comentario

En julio de 1988, el gobernante birmano, el general Ne Win, jefe del Partido del Programa Socialista de Myanmar, convocó un referéndum nacional sobre el futuro político del país. La oposición popular al poder militar autoritario cristalizó en la figura de Aung San Suu Kyi, que se ha convertido en uno de los ejemplos más conocidos de una persona que incorpora los valores religiosos budistas al ámbito secular. Su padre, Aung San, fue contemporáneo de U Nu y encabezó el movimiento por la independencia del país hasta su asesinato en 1947.

Los escritos políticos de Aung San Suu Kyi, recopilados en una colección titulada *Libres del miedo y otros escritos*, exponen con gran elocuencia la búsqueda moderna de la democracia y los derechos humanos, al mismo tiempo que de los valores budistas tradicionales de la verdad, la audacia y la bondad, así como la relación entre las formas espirituales y políticas de liberación. En reconocimiento a su campaña por la reforma democrática pacífica, recibió el premio Nobel de la paz en 1991.

Como demuestra la carrera de Aung San Suu Kyi, es posible que las mujeres jueguen un papel importante en la vida política de los países budistas modernos en el Sureste Asiático. Sin embargo, no puede negarse que las ideas tradicionales de dominio masculino aún se encuentran profundamente arraigadas en la cultura de ésta y otras regiones.

GLOSARIO

arhant Persona «justa», alguien que ha alcanzado el *nirvana*, ha roto los lazos con su *samsara*, y nunca volverá a renacer.

bodhisattva En sánscrito, «futuro *buddha*», (literalmente «ser en proceso de despertar»). En el budismo, individuo que logra el despertar *(bodhi)*, pero que opta por posponer el *nirvana* (*véase* el término) con el fin de ayudar a otros en su búsqueda espiritual, personificando así el ideal del camino budista de acuerdo con la tradición mahayana.

buddha En sánscrito, «el despierto». En el budismo, individuo que ha logrado el despertar y el *nirvana* (*véase* el término) por sus propios medios. Han existido muchos *buddhas* –el más reciente de los cuales fue Siddharta Gautama– y existirán muchos más. Empleado como título, el término se refiere a Siddharta, el fundador del budismo.

chan El término chino *chan* (en japonés, zen) significa «meditación», y proviene del sánscrito *dhyana*. Se trata de una escuela del budismo chino en la que la búsqueda de la iluminación se centra en la práctica de la meditación.

dharma En sánscrito, «verdad», «orden», «rectitud», «deber», «justicia». El término se emplea tanto en el hinduismo como en el budismo; como sustantivo («la *dharma*»), se refiere a la «verdad» sobre la existencia humana descubierta y predicada por Buda.

karma En sánscrito, «acción». Se trata del equilibrio entre méritos y deméritos acumulados por un individuo, hecho que determina la naturaleza de la próxima reencarnación.

mandala Instrumento para la meditación consistente en una representación del universo budista.

mantra Palabra o frase poderosa que se pronuncia o recita de manera ritual o como ayuda al practicar la meditación.

nirvana En sánscrito, literalmente «apagar». En el budismo, estado libre de toda ignorancia y deseo, en el que se deja de acumular *karma* (*véase* el término) y se logra la liberación del ciclo de muerte y renacimiento.

samsara Ciclo eterno de muerte y renacimiento del que los seres intentan liberarse.

tantra Nombre que reciben los antiguos textos sagrados y los movimientos para los que estos textos fueron fundacionales en el budismo (desde aproximadamente el siglo VII). Estos textos enfatizan el ritual, el simbolismo y una rápida iluminación, al mismo tiempo que incluyen el concepto de las «deidades coléricas». Los *mandalas* (*véase* el término) a menudo aparecen en el tantra.

Tierra Pura Sukhavati, «Paraíso Occidental» donde reina el *buddha* Amitabha.

zen del japonés zen, «meditación», y éste, a su vez, del chino *chan* (*véase* el término). Se trata de una escuela del budismo japonés que se centra en la meditación.

ÍNDICE

Los números en **negrita** hacen
mención a las referencias
principales; los números en *cursiva*
hacen referencia a los pies de foto

AGRADECIMIENTOS Y CRÉDITOS DE LAS FOTOGRAFÍAS

A menos que se cite lo contrario, los extractos de los textos no están sujetos a derechos de autor o bien han sido traducidos. Las fuentes siguientes han otorgado amablemente su permiso.

Orígenes y desarrollo histórico, pág. 24: de *The Life of Hiuen-tsiang.* Traducido por Samuel Beal. Londres, Kegan, Paul, Trench, Trübner & Co. Ltd, 1911, pág. 105.

Textos sagrados, pág. 44: del *Samyutta Nikaya* LVI.11, editado por M. Leon Feer. Londres, Pali Text Society, 1898. Traducido por Malcolm David Eckel.

Personas sagradas, pág. 54: de *Mi la ras pa'i rnam thar (texte tibétain de la vie de Milarepa)*, editado por J. W. de Jong. Dordrecht, Mouton & Co., 1959, pág. 55. Traducido por Malcolm David Eckel.

Principios éticos, pág. 62: del *Samyutta Nikaya* XLVII.18, editado por M. Leon Feer. Londres, Pali Text Society, 1898. Traducido por Malcolm David Eckel.

Espacios sagrados, pág. 74: de *The Journey to the West*, Vol. 1, traducido por Anthony C. Yu. Chicago, University of Chicago Press, 1977, pág. 185.

Tiempos sagrados, pág. 84: de *Sources of Japanese Tradition*, editado por Wm. Theodore de Bary. Nueva York, Columbia University Press, 1958, págs. 225-226.

La muerte y la vida después de la muerte, pág. 94: de *Japanese Death Poems*, recopilados por Yoel Hoffmann, Charles E. Tuttle, Nueva York, 1986, págs. 51, 67, 85, 82.

Sociedad y religión, pág. 104: de *Libres del miedo y otros escritos* por Aung San Suu Kyi. Barcelona, Círculo de Lectores, 1994.

El editor quisiera agradecer a las siguientes personas, museos y agencias fotográficas su permiso para reproducir su material. Se han realizado todos los esfuerzos posibles para localizar a los propietarios de los derechos. Sin embargo, si hemos omitido alguno, pedimos disculpas y, si recibimos la información, realizemos las correcciones necesarias en próximas ediciones.

Página 2 Graham Harrison, Oxfordshire; **7** British Library, Londres; **12** British Library, Londres; **18** Graham Harrison, Oxfordshire; **26** Art Archive, Londres/Musée Guimet, París/Dagli Orti; **30** British Museum, Londres; **36** Hutchison Library, Londres/Sarah Errington; **41** British Museum, Londres; **46** Corbis/Alison Wright; **51** Hutchison Library, Londres/Liba Taylor; **56** Art Archive, Londres/Museum of Fine Arts, Boston; **61** Corbis Stockmarket; **64** Magnum Photos, Londres/Rene Burri; **68** Magnum Photos, Londres/Bruno Barbey; **76** Magnum Photos, Londres/Bruno Barbey; **80** Panos Pictures, Londres/D. Sansoni; **86** DBP Archive; **91** British Museum, Londres; **96** Panos Pictures, Londres/Neil Cooper; **100** Panos Pictures, Londres/Alison Wright.